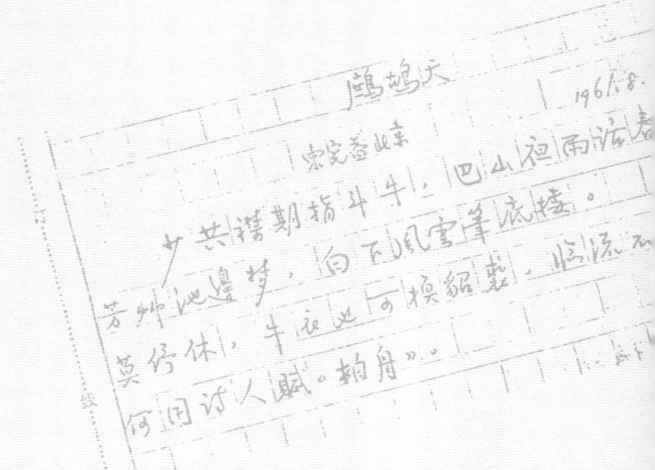

父亲廉士聪

天 津 的 词 学 家

廉毅 \ 编著

中国出版集团
中 译 出 版 社

上：二十世纪四十年代的廉士聪

左下：廉毅幼时　1949 年，南京柏子亭

右下：妻女和父亲　1985 年，长春市地质宫广场

左起：廉英蕾（廉毅大女儿），张学伟（廉毅爱人），廉英杰（廉毅二女儿），廉士聪

上：家人合影　1945 年，重庆

前排左起：廉毅，廉刚（廉毅兄长）

后排左起：陈叔玉（廉毅母亲），廉士聪

下：廉士聪家人大合影　1981 年 1 月，天津

前排左起：廉英杰（廉毅二女儿），廉毅，陈叔玉（廉毅母亲），廉士聪（廉毅父亲），廉刚（廉毅大哥），廉英蕾（廉毅大女儿）

后排左起：张学伟（廉毅爱人），张清云（廉毅大嫂），廉力（廉毅四弟），廉木（廉毅三弟，后排），廉武（廉毅五弟）

左：廉士聪（后排左二）与民革同事合影　20 世纪 50 年代初

右：廉士聪（前排左一）与市民革领导人合影　20 世纪 50 年代初，天津

范绍韩（后排左二），杨亦周（后排右二）

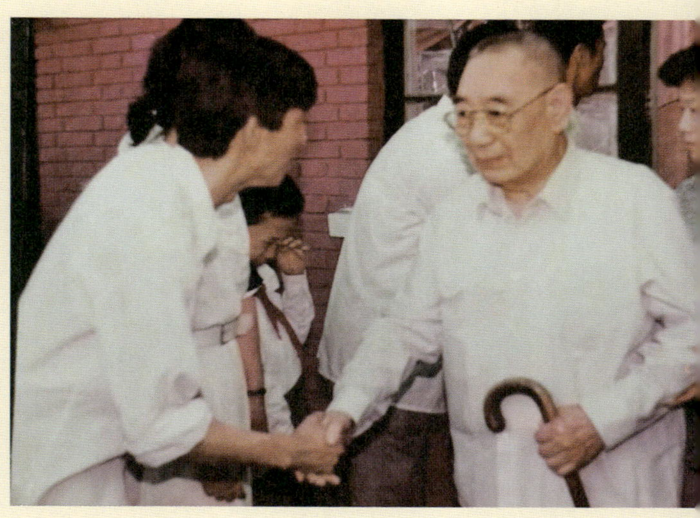

左：廉士聪（中间）与编译办同志合影　20 世纪 80 年代，天津

右：市政协第一副主任肖元同志出席廉士聪委员哀悼会，与廉力握手致哀　1990 年 6 月 25 日，天津

上：廉毅与爱人家人合影　1974年5月1日，长春

前排左起：张学伟（廉毅爱人），廉英蕾（廉毅大女儿），李素琴（张学伟继母），张庆兰（张学伟父亲），张德林（张学伟小弟）；后排左起：张月梅（张学伟小妹），张月华（张学伟大妹），廉毅，张德顺（张学伟大弟），张德祥（张学伟二弟）

下：廉毅与爱人老姨家人合影　1970年，长春

（注："老姨"在方言中指"小姨"）

前排左起：刘军（大表弟），周连云（老姨），刘辉（二表弟），刘玉印（姨父）

后排左起：刘平（表妹），张学伟，廉毅

左上：廉毅与爱人大姨及家人合影　1976 年 5 月，长春市七马路
左起：廉武（廉毅五弟），廉英杰（廉毅二女儿），周密兰（爱人大姨），伊永山（大姨的儿子），廉毅，廉英蕾（廉毅大女儿）

右上：廉毅与孙永凯合影　20 世纪 80 年代，长春地质宫
左起：孙永凯（张月华丈夫），廉毅

下：廉毅在西欧考察　2006 年夏

上：廉毅与后人合影　2014年8月，长春市

前排左起：廉英蕾（大女儿），张学伟，鞠盛然（二外孙女），廉毅

后排左起：鞠卫东（二女婿），叶忠芸（大外孙女），廉英杰（二女儿），张健（妻侄子）

下：廉毅与弟子合影　2014年，北京香山

左起：刘刚（博士），李尚锋（博士），廉毅，杨旭（硕士），沈柏竹（博士）

寒露凝眸斜陽射影心潮起伏成图喜上眉梢問賢好景誰書无崖楓葉紅含紫鬧晚晴底事愁餘似這般秋也渾如人也真如　吟邊不怕西風苦怕庭寬梦窄人老衰炉雨打風翻黃花瘦比禪腥濠梁之上求其本子非子予也非魚似那般秋在荒蕪人在煙蕪　右高陽台用梦窗韦欒樾韵

思往事愛今生何處傳來讀書声一城春色半城灯溪前楊柳隨心綠門外錢苗點眼青倦眸猶供月爭明一書一報真朋友閒言閒語六弟兄　右鷓鴣天一阕

老去稍嫌筋力減況衣后覺飯蔬香推窗但見風飄凝去色盈街趁夕陽老來歲月延虛度不載閒情不載愁星斗滿天風滿庭一从三顧說春秋　右漫興兩首

兒時讀書處依稀尚記省吾学无師承窺天蛙在井開卷常茫茫冥想忘庭永嗣后識之无辞通意又梗欣然謂有得細思成畫餅歷遍舊山川徵似醉初醒實踐出真知老來若悟憬尔今少師承文章難馳騁好奇自好疑叩学如問鼎升堂未入室藏秀待脫穎跬步积千里佩章宜自警楼以廿年期徐徐凌绝顶記取荀卿言水凝冰益冷个中真意踩踩覆自心領　右五課示諸生一首

廉士聪小楷作品 1

舊梦依稀夜未央生懷煙
雨冬雲乡浙东溯揽风云怒
越北春隨艸木長十里蛙声
天外響一川荷影袖邊香
此情待成追憶只是當
時費度量

錄一九六二年旧梦乙首 距今廿年

文英大姐政之

小球

高陽台

十五年新舊对比周梦窗丰乐楼词原韵 癸酉十月作

寒窗懒睁斜陽射影心潮起伏成图書上眉
稍问贤好景谁書无佳红紫嫣欲紫闹
晚晴底事愁餘似这般秋也渾如人也
真如吟邊不怕西風苦怕夜寬梦窄
人老寒炉雨打风翻英華演比禅臞
濠梁之上求其本子非子子也非鱼似那
般秋在荒蕪人在煙蕪

右词已阅苍继一九七八年書憤七律而作诗云
风雨缠绕又向陽窝言十九写沈洋庄生胡蝶醒还
梦老子雲龙拙也藏谁将是非貽日月敢
把人世变滄桑银河此去无多路缓如何
居未有郎特附浅于后

小球

上：廉士聪小楷作品 2

下：廉士聪小楷作品 3

前言

一九二八至一九三四年，我的父亲廉士聪在由英国教会办的天津私立新学中学就读，有幸与杨宪益先生成为高中同学，他们都酷爱中国古诗词，彼此之间交流了约上百首（遗憾因为各种原因大多流失了），由此，两人结成了挚友。父亲把他们俩写的诗词寄给当时任清华大学研究院院长吴宓教授。吴宓教授对他们的古诗词深表赞赏。由商务印书馆出版的《吴宓诗集》中，收入了父亲同吴宓先生往来的三首诗词。尽管父亲年轻时辗转长江流域诸省，做各种小刊物的编辑或杂工，由于受到吴宓先生的鼓励，始终坚持采用古诗词为媒介，记载了他当时主张抗日的爱国情怀和活动。本书呈现父亲用小楷书写的诗词真迹和其影印件六十八首，字迹秀丽、潇洒，且柔中有刚，自成一体。书中父亲六十八首诗词手写体影印件，均由我的大女婿李明浩仔细扫描而成。诗词中，大都为词，还有七言诗与少量的五言诗等，其中，引用了不少我国古代著名诗人的原句典故，另有不少生僻字。为保持父亲诗词原貌，书中所涉诗词均保留其原书写形式。本书借这些诗词以飨读者。

新中国成立后，父亲曾任天津政协第一至第七届委员、第八届常委，天津政协机关秘书处副处长，虽致力于政协工作，仍坚持撰写古诗词，其诗词中对我党领袖毛泽东主席、周恩来总理和陈毅将军的敬仰和怀念之情，溢于言表！还有几首是柬台湾旧友、促统一的诗词。有意思的是，父亲是以“对外文化团体”人士当选第一届委员的，一九八〇年，他被调入天津政协编译办，成书几十余册，足见杨宪益老先生对父亲的影响之深！

当我看到中译出版社出版的赵蘅著《我的舅舅杨宪益》，感到很震撼！特编著此书，以祭奠杨宪益老先生和父亲的在天之灵。

目录

一、
杨宪益先生的挚友

（一）与杨宪益先生在天津中学

父亲廉士聪，一九一四年六月二十二日出生于天津静海县城大十字街，九岁读私塾，后入洋式私塾。因为老师是个西医，他以后插班于天津西北角文昌宫小学，高小二年级时，在青年会补习英文。

一九二八至一九三四年，父亲于天津私立新学中学就读，该校为英伦教会人士办的新学书院。我父有幸与杨宪益先生为同班同学。一九八九年四月，父亲向天津市委统战部递交的“市政协常委”履历表中，有关“廉士聪出身和经历”报告中写道：“杨宪益，中学同学，在校时感情很好，常在一起写旧诗。我家破产时，曾向他借过3000元。”（见影印件）

年　月　日　第　页

由陈和坤介绍我到那里当过挂名会员。

(5) 杨宪益。　中学同学，在校时感情很好，常在一起写诗词。我家破产时，曾向他借过3000元，到77年还清；他在英国留学时，曾接济我几十英镑。后来又在编译馆同事。解放后，还曾邀我到北京搞翻译工作，婉言谢绝。1963年以前，还有书信来往。以后就不通信了。

(6) 吴宓。　原任清华大学研究院院长，后任英文系教授。1935年我在天津"国闻周报"写过一篇用文言文写的"读吴宓诗集"。他从此与我有了关系，他在长沙时，还给他投资50元与今天十日刊社。此人已逝世。

5.　(1) 在"政治学校时"，陕西同学，曾由于右任接济的南京陕西同乡会，办过"新秦月刊"，主持人是马学强（陕西人）。既无组稿能力，我和[illegible]，写稿。内容是大拼盘。

(2) 今天十日刊，由陈和坤创办，开始无什么政治背景，[illegible]。后来由熊方向得拉上湖南军阀刘建绪，每月津贴200元，以后[illegible]又拉上国民党军阀[illegible]，[illegible]，以民族主义抗日为号召，并组成民主党。在他们任国民党陆大校长时，被刺于广西。[illegible]，长沙大火前我逃出长沙。当时刊物参与实际工作三个人，熊负总责，我为编写，还有一个[illegible]同志。其他都是一些抗日的学生。

(3) "东战场"半月刊。　桂林军阀黄绍竑在浙江办了一个刊物叫"浙江潮"，主编人严北溟。湘系军阀刘建绪，也想办一个刊物，于是叫"东战场"。原由[illegible]主持，我只是校对，排版等等，后由"党部"上报，[illegible]，我[illegible]，内部[illegible]，后来才不同意就算了。

（二）南京国立编译馆同事

"九一八"事变后，爷爷经营法国电池破产，因此，父亲没有了经济来源，他于一九三四年考上了南京国民党中央政治学校大学部，加入了国民党，一九三七年离校，后辗转于长江流域诸省。

父亲在填写履历时还提到，七七事变前，杨宪益先生在英国留学期间，还接济父亲几十英镑。

杨宪益先生从英国牛津大学留学回国后，辗转数省，于一九四六年回南京组建国立编译馆，邀请父亲到编译馆任副编审（同年，我父与杨宪益先生在鸡鸣寺饮茶聊天，见后面的词以及解译），我也随父母亲一同来到南京。依稀记得，一九四九年，我四岁时，与杨宪益先生都在南京市玄武湖柏子亭附近居住。据杨老先生回忆："尽管当时住房仍然紧缺，但城里还有许多小块空地，我和编译馆的少数几名同事可以租得土地，建造自己的平房，一九四九年春天，我们搬出校园，住进我们在编译馆附近新盖的一所有三间屋子的简易平房，我们在那所平房里住了一年"（参见杨宪益著《楼船·载酒忆当年》，北京十月文艺出版社，二〇一八年）。前文有张照片是我四岁多时在南京也就是杨宪益老先生说的三间小平房前拍的照片，我保留至今。看来父亲就是杨老先生所说的少数几名同事中的一个，有幸得到这三间平房还有个小院子，挺惬意的，院中还种了些蔬菜。我家离玄武湖很近。我经常到杨宪益先生家中去玩，杨宪益先生的夫人戴乃迭，还亲切地称呼我为"廉弟弟"。

《我的舅舅杨宪益》和《杨宪益杨苡兄妹译诗》书中均提到，一九四八年，杨宪益在中英文化协会大楼举行过一次为期两天的中国文物和书画拍卖会。拍卖的艺术品有徐悲鸿、齐白石等名家的国画和历代文人的书画，还有各种古董（其中大部分是假古董）。这是他为了帮助一个叫孙培良的昔日编译馆同事解决回川路费而举行的。拍卖会开得十分成功，两天下来居然卖了两千美元，为孙培良筹措了足够的路费和生活费。

这件事启发了杨宪益，他觉得可以与朋友合伙开一个古董铺子以贴补家用。当时国民党统治区的通货膨胀越演越烈，钱非常不值钱，杨宪益的教授工资只相当于八元美金或两袋面粉，他不得不同时干好几份工作来增加收入。杨宪益的主意得到朋友萧亦五和老同学廉士聪（父亲当时也到了编译馆翻译委员会）的赞同，穷朋友们纷纷凑钱入股，在上海路找了一个铺面，买进一些真真假假的古董、仿古瓷器和文人字画，正儿八经地开起铺子来。

爷爷从天津来投靠儿子，他有开店的经验，就让他做“老板”。铺子分上下两层，楼下是店面，楼上是“办公室”。杨宪益给铺子起了个名字——“红房子”。这名字的灵感来源于天津法租界的一个“紫房子”的店铺。但朋友们认为“红房子”这个名太特殊，怕惹来麻烦，于是杨宪益将店名改成了“绛舍”，仍然是“红房子”的意思，只不过变成了文言文。过后他笑嘻嘻地对妹妹杨苡说“你知道吗？‘绛’者，红也。”“绛舍”生意清淡，几乎没有顾客。当时南京的老百姓都快要饿疯了，谁还会来买古董？只有几个外国使馆的三等秘书和他们的太太小姐来过一两次，买了几个小玩意儿。生意虽然没有做成，但“绛舍”担负起另一种职责：它成了地下民联的一个聚会点。杨宪益、邵恒秋和萧亦五有时就在“绛舍”楼上碰头，交换情况和布置任务。不到一年，国民党败局已定，“绛舍”也关了门。

爷爷有时还带我去玄武湖，坐着小游船去捞湖中的菱角，非常好吃！所以至今我还有印象。

据司以忠的自述，1945年抗战胜利后，司以忠随重庆编译馆由重庆迁回南京，进入南京国立编译馆工作，国立编译馆是国民政府教育部直接领导的一个相当于大学院校的编译机构，拥有教授、学者、专家等高级知识分子二百多人，设有人文、自然、社会、中教用书等组。它的任务是编译大学院校各科用书、中学用书、科技用书、社会读物、辞书辞典以及审查编写戏剧等。一九四八年的秋天，司以忠在南京加入了民革地下组织，开始进行反蒋活动。从此司以忠走上了革命道路。一九四九年四月二十四日，南京解放，司以忠参加了机关的接管工作。同时司以忠和邵恒秋、杨宪益、廉士聪等参加了民革南京市临时工作委员会的整顿组织工作。一九四九年秋，编译馆的接管工作结束。经南京市高教局介绍，司以忠去北京华北革命大学政治研究院学习，在一年的学习中，司以忠如实地总结了自己的历史，提高了认识。一九五〇年十月在华北革大毕业，十一月司以忠即参加了民革在北京召开的国民党民主派第二次代表会议。会议决定将原来的国民党民主派的三个组织民联、民促、民革合并，统一称为中国国民党革命委员会，简称民革。会后，民革中央派司以忠去西安帮助筹建陕西省民革组织，并担任民革陕西省委员会常委兼宣传处长。司以忠还曾兼任陕西省各界人民代表会议代表，西安市政协委员、人民代表和青联常委等职。从司以忠自述，可以看出与杨宪益先生和父亲在南京国立编译馆的情况基本吻合。

下面第一首七言诗，为父亲一九八五年七月来长春时，抄写的“小默诗词选抄一九八五年十月”中的一首。写于一九四六年，南京。与杨宪益先生自天津分别十二年后，又在南京相遇，两人于鸡鸣寺享受重逢的情景可想而知，边喝着茶边回忆往事，是何等的兴奋！

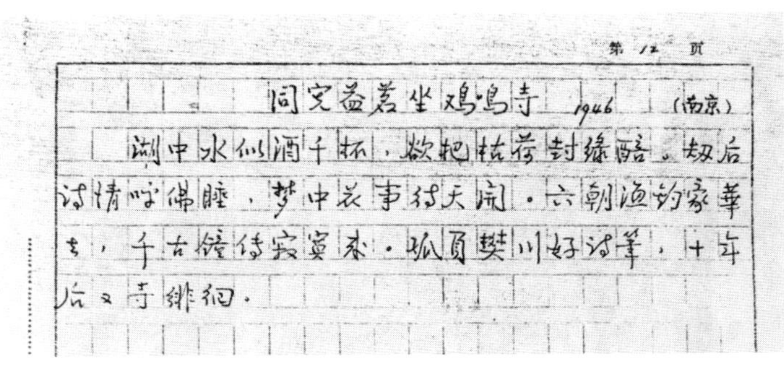
第 12 页
同宪益茗坐鸡鸣寺 1946 （南京）
湖中水似酒千杯，欲把枯荷封绿醅。劫后诗情呼佛睡，梦中花事待天開。六朝渔钓豪華去，千古鍾传寂寞来。孤負樊川好诗筆，十年后又寺徘徊。

同宪益茗坐鸡鳴寺　1946 （南京）

湖中水似酒千杯，欲把枯荷封绿醅。劫后诗情呼佛睡，梦中花事待天開。六朝渔钓豪華去，千古鍾传寂寞来。孤負樊川好诗筆，十年后又寺徘徊。

我父深知老同学杨宪益先生每天必有酒伴随左右，所以，该诗的首句为“湖中水似酒千杯”，不由得使人联想到宋代欧阳修的《春日西湖寄谢法曹韵》中的著名诗句，“酒逢知己千杯少，话不投机半句多。”而且还不尽兴，甚至“欲把枯荷封绿醅”（引自宋代许棐《枯荷》中的“万柄绿荷衰飒尽，雨中无可盖眠鸥。”），将枯黄的荷叶亦当成绿色的美酒，两个人非常高兴。“劫后诗情呼佛睡”，指抗战刚刚胜利后的喜悦之情，其中引用了清代陶淑的《菩萨蛮・睡佛》的典故（“西方大法如来说。众生一切咸无著。此佛悟真元。蘧然几万年。人生原是梦。何时纷争控。佛已示人疲。人间犹未知。”）父亲同杨宪益先生也期盼“梦中花事待天開”（引自宋代陈著《三月晦日同弟观侄津往宝幢哭刑部伯求弟道从》中的“山泉今已矣，开落梦中花”），以梦中花开暗示国泰民安真正到来。

当回到现实中，面对社会状态时，该词的后两句词锋陡转，“六朝渔钓豪華去，千古锺传寂寞来。”（其中，引自宋代张昪（biàn）的《离亭燕·一带江山如画》中的“多少六朝兴废事，尽入渔樵闲话”。《庄子》一书中多涉及鱼、渔钓、渔父，在道家看来，鱼是最能够传达道家“逍遥观”的自然物象。还出自唐朝陈子昂的《登幽州台歌》。）父亲引经据典，借用历史上的志士文人，以及三国至隋朝代兴衰和功名利禄的往事，表达南京虽是六朝古都，却已成为渔夫闲谈的话题，暗讽当前国民党的现政权已“豪華去”，即使鸡鸣寺一千多年的古钟按时敲，仍然难掩时政的衰败“寂寞”！接着，我父以“孤负樊川好诗筆，十年后又寺徘徊。”做该词的结尾，又引用唐代韦庄的名诗《过樊川旧居》，该诗是写景和事物的，以悲观和凄凉基调为主。樊川是汉高祖刘邦封赏给大将军樊哙的食邑，后有许多著名诗人以“樊川”的兴衰为题作诗吟赋。我父追古思今，自然回想起十年前，他从南京中央政治学校大学部毕业，在军界、政界和群众团体都干过，比较深入地了解国民党当局的时政弊端，十年后故地重返，在鸡鸣寺中“徘徊”，没有什么心情，以此喻示当朝的腐败。杨宪益先生也十分了解，当时国民党政府经济状况很糟糕。足见国民党正面临崩溃的境地，辜负了我父与杨宪益先生的“好诗筆”。

（三）新中国成立后的往来

据父亲在“廉士聪出身和经历”中所写，一九六三年前他同杨宪益先生有书信往来，二十世纪七十年代有所中断，八十年代又恢复。下面给出同杨宪益先生的柬词与和诗各一首。

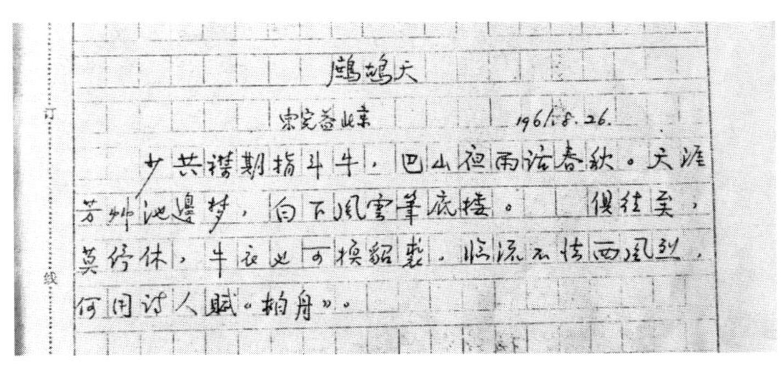
鹧鸪天
柬宪益北京 1961.8.26.
少共襟期指斗牛，巴山夜雨话春秋。天涯芳艸池邊梦，白下風雲筆底楼。 俱往矣，莫停休，牛衣也可换貂裘。临流不怯西風烈，何用诗人賦《柏舟》。

鹧鸪天

柬宪益北京　1961.8.26

少共襟期指斗牛，巴山夜雨话春秋。天涯芳艸池邊梦，白下風雲筆底搂。　俱往矣，莫停休，牛衣也可换貂裘。临流不怯西風烈，何用诗人賦《柏舟》。

这是父亲以“鹧鸪天”为词牌的第四首词（一九三三至一九八五年）。词牌“鹧鸪天”取自唐朝诗人郑嵎的诗“春游鸡鹿塞，家在鹧鸪天”。郑嵎的生卒年不详，约唐宣宗大中末前后在世。诗中的“鹧鸪天”不是地名，鹧鸪是一种鸟，在秋天的清晨和黄昏，田野里时常会有鹧鸪出没，其叫声独特。词中意往往表达对家乡无限思念和伤感，也表达对朋友的想念之情。

前面已有一首七言诗，是我父同杨宪益先生在南京鸡鸣寺重逢时所作。这首词是解放后我父柬宪益先生的，写于一九六一年八月二十六日。

词的上半阕，开头写道，“少共襟期指斗牛”。其中，“襟期”出自《北史·李谐传》：“庶弟蔚，少清秀，有襟期伦理，涉观史传，兼属文词。”“襟期”的意思是襟怀、志趣，往往指人与人之间的相互期许。“牛”在中国人心目中，是十二个命运守护神（生肖）之一，而“斗牛”可追溯到秦李冰治蜀。据《水经注》记载，当地江神要求每年供奉童女，百姓不得不远走他乡，并非因修建“都江堰”触怒江神，两者化作了两头公牛激烈搏斗，李冰在下属的帮助下刺杀了江神，从此蜀地再无水患。蜀人敬仰李冰的勇敢果决，遂将体格健壮的青年称作“冰儿”，而斗牛也就成为蜀人历史悠久的习俗。我父的意思是说：少年意气风发时期，尽管相互争斗，但志趣相投，往往是成人之后令人期许的事情。果然，我父下一句正好与蜀地息息相关，“巴山夜雨话春秋”出自唐代李商隐的《夜雨寄北》中的“君问归期未有期，巴山夜雨涨秋池。何当共剪西窗烛，却话巴山夜雨时。”这是说，你问我何时回家，我回家的日期定不下来啊！我此时唯一能告诉你的，就是这正在盛满秋池的绵绵不尽的巴山夜雨了。如果有那么一天，我们一齐坐在家里的西窗下，共剪烛花，相互倾诉今宵巴山夜雨中的思念之情，那该多好！我父借古喻今：古人好朋友之间如此惦念，何况今日乎！何时能在一起聊聊是如何度过时光的啊。“天涯芳艸池邊梦”中的“天涯芳艸”，出自宋代杨冠卿的《菩萨蛮·春日呈安国舍人》中的“天涯芳草路。目送征鸿去。”古人多用“天涯”指远离尘世、孤寂的环境，“芳草”则指君子、佳人等美好个体。“池邊梦”出自明代李昱的《题友人听雨诗卷》中的“青草池边梦未成，紫荆花下兴还清。”我父引经据典的意思是说，年轻的时候都有过孤独的池边梦境，在梦中憧憬未来的状况。“白下風雲筆底揆”中，“白下”为南京的别称，或引自清赵函的《台城路·和孟楷弟哀逝之作》词：“水咽秦淮，云蘸白下。”“白下”与秦淮相连，无非就是人们立即想到南京。“風雲筆底”出自现代诗人郁达夫的《题少昂画虎》的“怒目视中原，嗥声震山谷。风云笔底生，誉虎致三祝。”我父引经据典的意思是在他的回忆中，与杨宪益先生曾在南京作诗吟赋造势的地方与情景，历历在目！由此完成了该词的上半阕。

词的下半阕是“俱往矣，莫停休，牛衣也可换貂裘。”其中，“俱往矣”很显然出自毛主席的宏伟诗篇《沁园春·雪》（发表于1945年重庆《新民报晚刊》）；“莫停休”，最早可追溯到《齐桓晋文之事中》中的“保民而王，莫之能御也”；“牛衣也可换貂裘”中的“牛衣”出自宋代苏轼的《浣溪沙》中的“牛衣古柳卖黄瓜”，古人云，牛衣是指用麻或草织的给牛保暖的护被。我父对杨宪益先生诙谐地说：我们坚持已有的不停歇，麻织牛被也能换珍贵貂裘。词的下半阕最后写道，“临流不怯西風烈，何用诗人赋《柏舟》。”其中，“临流”引自陶渊明的《辛丑岁七月赴假还江陵夜行途中》的“叩枻新秋月，临流别友生”，“西風烈”出自毛主席很有气势的一首词《忆秦娥·娄山关》；全诗紧紧围绕“忧”字，忧之深，环环相扣。我父该词最后引经据典，是向老朋友杨宪益先生表明，我们已经走过空旷无助的汪洋水边，又历经寒凛西风的考验，何必再赋忧心经呐！以此共勉之。

和宪益　1962.6.1.

把酒论兵未过关，夏来深夜有余寒。红旗初卷翻晴日，大舵徐移渡险滩。已讨庄生迷梦破，忍看娲后补天残。此中真意人人识，何似東方答客難。

何故生生鸣不平，依然蜗角触蛮争。王迷漢祚書鷄肋，日照红旗出鳳城。紫塞風雲頻說岳，废池乔木厌言兵。今年已卜他年事，新譜猶翻舊譜声。

未知四十九年非，变幻依然王霸旗。未必寒山成汝觉，曾经沧海识吾師。人生易定终难踪，風物多親自少疑。参悟待君君未晓，何当抵足话襟期。

20×20=400　天津市政协编译委员会稿纸

第 16 页

附宪益原诗

(一)獵々东风夜撼关，会看春色破层寒。宝珠背得混鱼目，顽石焉能阻急湍。倚欲轻言人未老，高歌經滔岁将残。是非论定他年事，左右何憂举目难。

(二)經然举世望和平，不说今朝绝斗争。西海早擒登陸虏，南天新拔负隅城。坚兵巨艦近娑利，铁壁铜墙拒柏林。不战屈人诚胜策，诸公何故畏销兵。

(三)四十年来是与非，函传此中望旌旗。只经寒旅真吾党，惊会迷途党我師。大敌当前当稻极，君讯何以要猜疑。主军始惆经斐宇宙，胜利而今近可期。

和宪益 1962.6.1

把酒论兵未過关，夏来深夜有餘寒。红旗初卷翻昏日，大舵微移渡险湍。已待庄生迷梦破，忍看娲后补天残。此中真意人人識，何似東方會客難。

何故先生鳴不平，依然蜗角触蛮争。王迷漢旆(pèi)書鷄肋，日照红旂出鳳城。紫塞風雲频说岳，废池乔木厌言兵。今年已卜他年事，新谱猶翻舊谱声。

未知四十九年非，变幻依然王霸旗。未必寒山成汝党，曾经滄海识吾師。人生易定偏難躁，風物多親自少疑。参悟待君君未曉，何當抵足话襟期。

附宪益原诗

(一)獵獵东风夜撼关，会看春色破层寒。宝珠背得混鱼目，顽石焉能阻急湍。裿欲轻言人未老，高歌經滔岁将残。是非论定他年事，左右何憂举目难。

(二)經然举世望和平，不说今朝绝斗争。西海早擒登陸虏，南天新拔负隅城。坚兵巨艦近娑利，铁壁铜墙拒柏林。不战屈人诚胜策，诸公何故畏销兵。

（三）四十年来是与非，每倚北斗竖旌旂。久经考验真吾党，掃尽迷妄是我師。大敌当前尚猖獗，群儿何故苦猜疑。辉煌纲领垂宇宙，胜利而今近可期。

父亲同杨宪益先生唱和的诗很多，难得这首留下来的是一首七言诗，分三段，一一对仗，一九六二年六月一日写于天津。总体可以看出是紧密联系一九六二年我国面临的国内外形势，并且联想往事而作的。

第一段中，我父以“把酒论兵未過关”，与杨宪益先生的“獵獵东风夜撼关”相对。该句引自清末近现代初倪星垣的《挽乔明智联》中的“把酒论兵”，明显指一九六二年五至六月，台湾得美国鼓励准备反攻大陆。“夏来深夜有餘寒”（引自宋代王安石的《余寒》中的“余寒驾春风，入我征衣裳。”）与杨宪益先生的“会看春色破层寒”（引自宋代王安石的七言诗《春夜》）意思相近。我父接着以“红旗初卷翻昏日，大舵微移渡险湍。”表明毛主席和党中央决策，“大舵微移”，是指调 10 万军队到台湾对面的浙江和福建，迫使美国公开确认“反对在这个地区使用武力”的政策，从而“渡险湍”。杨先生暗讽蒋介石集团这块顽石，“宝珠背得混鱼目，顽石焉能阻急湍。”我父该句诗“已待庄生迷梦破，忍看娲后补天残”（其中引用了关于庄子的一个典故“庄生晓梦迷蝴蝶”），也是借古讽今：蒋介石集团妄想反攻大陆夺回失去的，此举如同寓言中庄周做梦化蝶。但是，人民怎么忍看战争造成生灵涂炭，女祸补天再次出现。杨先生写的“裿欲轻言人未老，高歌經滔岁将残”表明事物不以人的意志为转移，意义相近。我父更表明大陆两岸人民和平的意愿，以

“此中真意人人識，何似東方會客难”做第一段的结尾，主要责问东边的台湾当局，为什么实行海峡两岸对话那么难。其中“客难”引自汉代东方朔《答客难》，这是一篇属于对问体的长赋，东方朔将以往的《对问》体，效而广之，赋名为《客难》，我父效法提出此问。杨先生也以“是非论定他年事，左右何爱举目难”（其中，引自唐代刘兼的《江岸独步》中的“是非得丧皆闲事，休向南柯与梦争。”意思是说，是不是得失都是无关紧要的事情，不要到南柯郡在梦里争名利。）告诫蒋介石集团，以前祸国殃民之举决定了如今任何举动都注定要失败的，所以才举步维艰，也就别异想天开了。

第二段中，杨宪益先生更鲜明地写出“經然举世望和平，不说今朝绝斗争”，表明当今世界和平是大势所趋。我父以“何故先生鸣不平，依然蜗角触蛮争”回答，其中，“蜗角触蛮争”引自《庄子·则阳》的典故：“有国于蜗之左角者曰触氏，有国于蜗之右角者曰蛮氏，时相与争地而战，伏尸数万，逐北，旬有五日而后返。”我父借古讽今，肯定杨宪益先生的正义之声，讥讽蒋介石集团，如同蜗牛用触角挑动战争一般的嘴脸。接着，继续引用历史典故，唐代诗人皎然的《从军行五首》中有一句“汉旆拂丹霄，汉军新破辽。”父亲以“王迷漢旆書鶵肋，日照紅旂出鳳城”讽刺蒋介石集团幻想像汉朝击破匈奴一样，举起军队旌旗，挑衅大陆，妄图复辟，但遇到英勇的解放军出京城，必定遭到失败。杨先生亦借古讽今，“西海早擒登陸虏，南天新握负隅城。”（引自唐代岑参的《送张都尉东归》中的“逐虏西逾海，平胡北到天。”意思是，为了追逐敌人向西越过海，为了平定胡人向北到达天边。还引自宋代宋祁的《和道卿舍人承祀出郊过西苑马上有作》中的"飞廉披苑路，南斗抱城隅。"意思说，飞廉披苑路，南斗抱城的东北角。）父亲与杨先生的诗句遥相呼应。在第二段第三句，父亲再次引经据典，宋代杨万里的《送朝士使虏》中曾出现"诗成紫塞三更月""紫塞风雲频说岳，废池乔木厌言兵"，意思大约是边塞的军队里士兵频频说道岳飞抗金之事。下一句可能是，因为如今没有岳将军，外敌入侵，造成很大的破坏，所以人们厌恶战争，由于战争的破坏力很大，只留下残存的古树、废弃的池台，人们都不愿谈论那残酷的战争，与杨先生"坚兵巨艦近婆利，铁壁铜墙拒柏林"意义相近。我父在最后一句明确指出，蒋介石已败走台湾，台湾方面一九六二年妄想反攻大陆，是注定要失败的，即"今年已卜他年事"，何必再用"新谱猶翻舊谱声。"（引自宋代陈允平的《木兰花慢（和李賓房题张寄闲家圃韵）》中的"幽情未应共懒，把周郎旧曲谱新翻。"）与杨先生的"不战屈人诚胜策，诸公何故畏消兵。"意思类同。

第三段，杨先生则明确地指出，只有依靠我党这颗北斗星，才是正确的方向，即"四十年来是与非，每倚北斗竖旌旂。"接着我父在时间上具体指出，一九四九年我党领导全国军民取得的伟大胜利："未知四十九年非，变幻依然王霸旗。"杨宪益先生接着感慨写道，"久经考验真吾党，掃尽迷妄是我師。"我父则以解放前他曾参加国民党对仗（因考入免费的国民党中央政治学校，自然加入国民党），当时，父亲认为国民党像座高山，高高在上，但是，如今"未必寒山成汝党"，此时，我父已成为天津市中国国民党革命委员会的常委，也是天津市政协委员兼市政协机关秘书处副处长，曾在解放前的沧海中徘徊，最后，认定中国共产党的领导，“曾经沧海识吾师”。杨先生接着写出“大敌当前尚猖獗，群儿何故苦猜疑。”意思说，大敌当前，有些人何必捉摸不定，不知前途如何？我父以赞同的口吻，用“人生易定偏难躁，風物多親自少疑”（其中，“風物”引自晋朝陶潜《游斜川》时序：天气澄和，風物闲美）予以对仗，总结出政治上取向正确，才是每个人的定心丸。最后，杨先生以“辉煌纲领垂宇宙，胜利而今近可期。”更加对中国共产党的纲领确信不疑，未来胜利尽可期！而我父则以诙谐的喻意，“参悟待君君未晓，何當抵足话襟期”（引自明代黄淮的《忆友二首》（其二）中的“知己相怜今鲍叔，何因执手话襟期”）对仗之，意思是说，君与君之间的参悟，弄明白真谛，应当促膝而谈话胸襟，从而和词愉快的结束。其中父亲引了古诗词中不少典故，表明他还在不断地学习，温故而知新。

第　　页

毅儿、宁华：

久未见信，妈妈老是惦念，睡不好。不知你们有什么想法？你们老了，也可能会和我们想法一样。父母爱子女，无微不至！

大哥初七从北京回来，因幼儿园假满，七宝[illegible]开学，在家只呆了四天，好象过了年。太忙，太累。大姐去北京，看病还没有回来。大哥评工程师，七弟评为[illegible]大姐评助理会计，都成了专家。[illegible]大节前来了三个人，一是会主席，一是[illegible]一是秘书长，带来了"年货"，"慰问"他，他说要近上班了。老妻，无[illegible]

我们政协会三月九至十二号开大会，我的常务职务因年过七十，已自动辞去。

杨宪益，我过去写了信，也收到了回信，并说他的女儿杨炽，现在长春，任东北师大文明史研究所任所长，希望你去看望她一下。也托你的朋友去看看杨伯伯，可能他会给他的女儿。

父 1988.3.4 夜

天津市政治协商会议

教师课时授课计划　教师　年　月　日

毅儿、学伟：

校样悉，一一简复：

(1) 吉林有之序已读，[illegible]改变。[illegible]很多，[illegible]大家[illegible]心不足，[illegible]因为[illegible]说，[illegible]出发，认为[illegible]。物价抑止不住，人心又[illegible]，[illegible]。另外，[illegible]。[illegible]，心[illegible]，[illegible]一[illegible]，[illegible]。[illegible]注意，不[illegible]，[illegible]。

(2) 杨宪益次女杨炽，[illegible]，他们刚去[illegible]不久，人地生疏，[illegible]范围内多关心一些，多帮助一些。

(3) 妈妈的病，有些进步，但一心脏不佳，睡眠不好，因而无力大做劳动，[illegible]不多，这些有碍于身体的康复。我前些时去总医院查体查了几天，血压、血[illegible]他们[illegible]还不算坏。总的说来，这是慢病，这点病进步就很满意了。妈妈还一[illegible]看电视，精神还不错。

(4) 大嫂的事在安排中，[illegible]也在安排中。[illegible]常来，[illegible]。只是大嫂的病已成慢性病，时好时犯。

(5) 我[illegible]因过七十改为顾问，政协[illegible]还保留下去，不久就开政协会、人大会，因[illegible]换届，可能上十天左右。

[illegible]常还[illegible]学英语，大约常在白天，[illegible]大学生，功课[illegible]还可以，只是[illegible]太差，也不[illegible]。

[illegible] 大[illegible]，[illegible]。[illegible]，妈妈还很挂念着呢？学伟怎样，来信说说。[illegible]也好。祝

好

父 1988.4.29.晚。

一九八九年秋天时节，曾有一天，在征得我父同意之后，我到北京百万庄杨宪益老先生家中拜访。杨老先生和戴乃迭女士热情地接待了我，聊了聊我这些年的经历，我询问他们二老的生活情况，还回忆在南京居住时的情景，戴乃迭女士仍然称呼我为廉弟弟，甚为亲切！他们二老精神还是那么矍铄，我并没有待多久时间，一怕影响他们的日程安排，二怕影响他们的起居和休息。很遗憾，以后我再也没有见过二老，现在回忆起来，既有几分惆怅，更多的是遗憾，如果我有现在的认知，真希望同二老多畅谈畅谈，吸取更多的精神食粮。

二〇二二年九月十三日，我大外孙女叶忠芸从中译出版社购买了一本赵蘅老师的《我的舅舅杨宪益》，快递到家中后，我仔细阅读大半天，看到该书第六十五页的小注中，杨宪益老先生写下了《惊闻廉士聪兄不幸失足骤逝》的诗句。“数载同窗手足亲，惊闻老泪已沾巾，世间失足寻常事，从此津门无故人。”当时我非常震惊，没想到我父与杨宪益老先生交情如此深厚！另外赵蘅老师的书，写得非常贴近杨老先生的生活，反映了杨老先生的思想境界、传承中国经典名著的文化底蕴和爱国情怀，十分令人敬佩！二〇二二年中秋佳节，我思绪万千，再也抑制不住激动的心情，写下七言打油诗一首，后经赵蘅大姐的亲切指点，修改如下：

中秋祭父

廉　毅

拜读宪益先生诗，
悼念吾父廉士聪：
“数载同窗手足亲，
惊闻老泪已沾巾，
世间失足寻常事，
从此津门无故人。”

二老挚交史册载，
天津学堂佳话传，
词韵楷书龙走笔，
中华经典海外通。
追忆斯人功蕴底，
源源汉水永向东！

二〇二二年十月

二、吴宓先生鼓励，古诗伴父一生

本书中所引用的父亲的诗词，基本依据父亲一九八五年七至十月来长春市与我共聚时，他所手抄的《小默诗词选抄》（一九八五年十月），均为小楷草书（见后面的影印件）。可分为二十世纪三十年代、四十年代、五十年代、六十年代、七十年代和八十年代，大都以记事的形式，真实地反映父亲当时所经历的人和事，以及自己的思想活动和感触，共计六十八首诗词，是本书的主要内容，从中可以看出父亲受到吴宓先生的指教和鼓励，影响颇深。他坚持以唐、宋、元、明、清的诗词体裁为例，一生撰写诗词近百首，是他主要的活动轨迹以及当时忧国忧民的彷徨思想的写照。我在网上查找了当时父亲所处地方的社会背景资料及古人诗词的原意和典故，解译并打印成现代版，但仍保留我父诗词中的生僻字，并做了些注解和解译。至于解放后的诗词，由于我也处在父亲写诗词的环境之中，夹叙夹议的内容不免更多了些。因父亲是手写小楷草书体，难免有翻印不当之处，敬请读者谅解，供参考。

（一）二十世纪三十年代

以下两首七言诗是父亲十九岁，在天津读高中时写的。

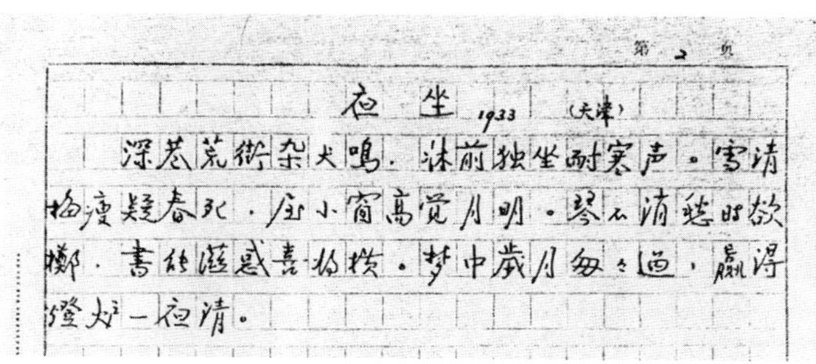

第 2 页

夜坐 1933（天津）

深巷荒街杂犬鸣。床前独坐耐寒声。雪清梅瘦疑春死。屋小窗高觉月明。琴韵清悠时欲懒。书林滋味喜相投。梦中岁月匆匆过。赢得灯炉一夜清。

夜　坐 1933（天津）

深巷荒街杂犬鸣，牀前独坐耐寒声。雪清梅廋疑春死，屋小窗高觉月明。琴不消愁时欲擲，書能滋惑喜将横。梦中歲月匆匆過，赢得燈炉一夜清。

《夜坐》是清代龚自珍的名作，他是我国近代思想家、文学家及改良主义的先驱者，他的诗文主张“更法”“改图”，揭露清统治者的腐朽，洋溢着爱国热情。

我父的这首诗模仿了龚自珍七言诗《夜坐》的格调，全诗四句共五十六字，从中可体现我父年轻读书时的心境。

七言诗的开头写道，“深巷荒街杂犬鸣，牀前独坐耐寒声。”（其中，引自清代林嗣环的《口技》中的“遥闻深巷中犬吠，便有妇人惊觉欠伸，其夫呓语”；另，引自元代关汉卿的诗歌《长相思》中的“独坐窗前听风雨，雨打芭蕉声声泣，遥请惊鸿问故人。”）我父引经据典，描述了自己夜坐的背景：深巷中不时传来荒街上的狗吠声，而自己独坐窗前，忍耐着低温读书。下句饱含着对未来的期许“雪清梅廋疑春死”引自宋代毛滂［pāng］的《生查子·春日》中的“雪尽梅清瘦”，意思是说，雪使梅清瘦。“屋小窗高觉月明”，引自宋代戴复古《宿农家》中的“宿此屋头阁，瓦窗通月明。”我父以此句暗喻虽然夜间学习是寒冷与刻苦的事情，但仍感到努力就会前途光明。“琴不消愁时欲擲”夹杂着年轻读书人对前途的迷茫与疑惑。古人以琴为题所作的诗词很多，宋代苏轼有一首著名的《琴诗》：“若言琴上有琴声，放在匣中何不鸣？若言声在指头上，何不于君指上听？”我父以同样的笔调写道，琴若不消愁，为何不扔掉？尽管如此，诗中仍表现出年轻人坚定信念，希望通过读书去干一番事情的胸怀，“書能滋惑喜将横”，引自唐代韩愈的《争臣论》长篇中的一句：“若阳子之用心如此，滋所谓惑者矣。”我父的意思是说，年轻人岂能因为读了一些书，就觉得高兴得不得了。最后一句说，“梦中歲月匆匆過”（引自宋代辛弃疾《念奴娇·书东流村壁》中的“野棠花落，又匆匆过了，清明时节”），总能“赢得燈炉一夜清”，像燈炉一样红红火火，增进了自己的知识宝库，那样的悠然自得。整首词，引用不少古人诗词的经典，我父采用一问一答的形式，描述了自己夜坐读书的情形与感悟。也正因为我父坚持《夜坐》的精神，才造就了一生丰厚的中国诗词风骨。

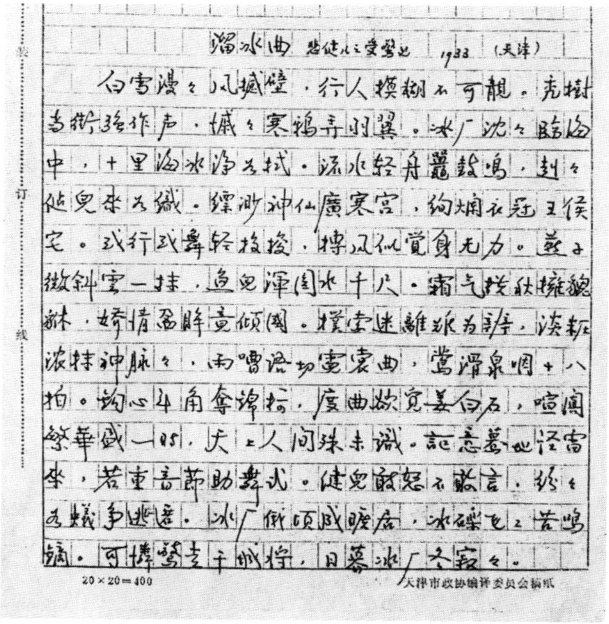

溜冰曲　1933（天津）

白雪漫々风撼壁，行人模糊不可觑。秃树当街强作声，城々寒鸦弃羽翼。冰厂沈々临海中，十里海冰净不拭。踏水轻舟鼍鼓鸣，翩々健儿来不织。缥渺神仙广寒宫，绚烂衣冠王侯宅。或行或舞轻拔拨，乘风似觉身无力。燕子微斜云一抹，鱼儿浑闲水千尺。霜气发秋貔貅，娇情盈眸竟倾国。扑朔迷离难为辨，淡妆浓抹神脉々。雨嘈嘈切霓裳曲，莺滑泉咽十八拍。钩心斗角夺锦标，度曲欲觅姜白石。喧阗繁华盛一时，天上人间殊未识。记忆万世径雷李，若重音节助舞式。健儿敢怒不敢言，纷々飞蛾争逃匿。冰厂俄顷成暝虐，冰碟飞々苦鸣镝。可怜鹫去千城将，日暮冰厂冬寂々。

20×20=400　　天津市政协编译委员会稿纸

溜冰曲 悲健儿之受惊也 1933（天津）

白雪漫漫风撼壁，行人模糊不可覩。秃樹当街强作声，慽慽寒鸦弄羽翼。冰厂沈沈临海中，十里海冰净如拭。流水轻舟鼍鼓鸣，赳赳健兒來如織。缥渺神仙廣寒宫，绚爛衣冠王侯宅。或行或舞轻投梭，搏风似觉身无力。燕子微斜雲一抹，鱼兒渾圓水千尺。霜气横秋擁貔貅，娇情盈眸竟倾國。撲索迷離難为辨，淡粧浓抹神脉脉，雨嘈语切霓裳曲，莺滑泉咽十八拍。钩心斗角奪锦标，度曲欲觅姜白石，喧阗（tián）繁華盛一时，天上人间殊未識。詎意驀地怪雷來，若重音節助舞式。健兒敢怒不敢言，纷纷如蟻争逃匿。冰厂俄顷成曠居，冰碟飞飞苦鸣镝。可憐驚走千城将，日暮冰厂冬寂寂。

编著者小注："鼍"（tuó，指鼍龙，是鳄鱼的一种，皮可以蒙鼓）；赳赳健儿来如織（zhī，形容滑冰来回如织布）。

父亲的这首七言诗《溜冰曲》，可能反映了当时天津社会两极分化的情景的一角。一九三三年，五大道是天津英租界的一部分。在二十世纪二三十年代，这里住过一位美国总统，两任民国大总统，七任国务院总理，数十位督军、省长、市长，美国国务卿马歇尔，美国将军史迪威，还有前清的遗老遗少，等。然而在今日看来，一方面，依然很洋派时髦的五大道背后其实承载的是中国近代史上一段屈辱的历史。另一方面，也云集了不少我国志士仁人，有著名教育家严修、张伯苓，著名医学家朱宪彝、方先之，著名爱国将领高树勋，科技、文化等领域的社会精英人士，那就更多了。

二十世纪二十年代，随着英租界“外人溜冰游艺会”不断筹办溜冰场，国人开始涉足其中。最初由于中国人不善溜冰，且冰场费用较高，所以参与其中的人不多。一九二八年二月，天津意国花园冰场举办了一场大型溜冰会，现场还有乐队助兴。虽然参加活动者达两百余人，但国人占比仅过半数且平均水平不高。一九三一年二月八日，天津南开大学举办了“全市化装溜冰大会”，自此以后，天津各溜冰场化装溜冰大会开始热闹起来。商业经营的溜冰场更是利用此噱头提升人气，增加收入。一九三一年二月十二日，《北洋画报》记者报道：“场子是现成冻好了的，不用布置。不过大雪正浓，犹之玻璃上尘土太厚，不能不稍擦擦，冰上一堆堆的雪，正像镜台上一撮撮的粉。某君说道：‘溜冰是要这样的天溜，出着大毒的太阳有嘛意思。’想到化装而穿衣服少的先生、小姐们，觉得此论有‘看火的不怕火大’之感。”

父亲赋词《溜冰场》的开头，描写“白雪漫漫风撼壁，行人模糊不可靓”的冬日里（“风撼壁”引自宋代程公许的《寿乔平章三首》中的“屋老当奈何，风雨撼四壁”），一边是“秃樹当街强作声，慽慽寒鸦弄羽翼”（清代诗人顾龙裳曾有五言诗《寒鸦》一首），以当街秃树上悲伤地抚弄自己羽翼的乌鸦，形象比喻天津穷人的生计，另一边，却是“缥渺神仙廣寒宫，绚爛衣冠王侯宅”（引自唐代柳宗元七言诗《龟背戏》中的“长安新技出宫掖，喧喧初遍王侯宅。”），意思是有钱人衣着华贵，住所如仙境或王侯宅邸。在溜冰场中，“流水轻舟鼍鼓鸣，赳赳健兒來如織”。（“鼍鼓鸣”引自明代朱诚泳《钧天曲》的“凤箫声袅袅，鼍鼓鸣逄逄。”）“或行或舞轻投梭”，引自宋代戴复古的《鹧鸪天（题赵次山鱼乐堂）》，描写出自豪门的男女溜冰者行进时身姿轻盈，来回如投梭般。“搏风似觉身无力”再次形容溜冰者迎风而行毫不费力。古诗词中用“搏风”的很多。溜冰者或如燕子正斜着轻盈的身体在飞翔，或如鱼得水般穿行在溜冰场上，所以说“燕子微斜雲一抹，鱼儿渾圓水千尺”（引自唐代杜甫《水槛遣心二首（其一）》中的“细雨鱼儿出，微风燕子斜”）。“霜气横秋擁貔貅，娇情盈眸竟倾國。撲索迷離難为辨，淡粧浓抹神脉脉”（其中，“霜气横秋”引自金朝折元礼的《望海潮》；“拥貔貅”引自明代王志坚的《观冯生所藏倭王锦袍歌》；“淡粧浓抹”引自宋朝苏轼的《饮湖上初晴后雨》诗中的“欲把西湖比西子，淡妆浓抹总相宜。”）的意思是说，男溜冰者个个气宇轩昂，女溜冰者乔装打扮，淡妆浓抹艳丽无比，还有的穿着打扮有些诡异，也不是从事真正有意义的运动，只是“钩心斗角奪锦标，度曲欲觅姜白石”。（其中，“度曲”引自宋朝姜夔的《翠楼吟》中的“淳熙丙午冬，武昌安远楼成，与刘去非诸友落之，度曲见志。”“姜白石”就是指前面所引词作者姜夔，清末秀才王国维曾极为称赞姜白石所作的词：“白石以降，于此二事皆未梦见。”意思是说，姜白石以后无人能达到词既深入其内，又统筹其外这两点）。我父引经据典，是在讽刺溜冰场上的竞争者。虽然“喧阗繁華盛一时”（引自唐代杜甫《盐井》中的“君子慎止足，小人苦喧阗”），但是，老天是公平的，“詎意驀地怪雷來，若重音莭助舞式。健兒敢怒不敢言，纷纷如蟻争逃匿”——难道（詎意）突然空中怪雷响，人们以为是重音节助冰舞？其实不然。在冰场上瞬时呈现另一番景象，溜冰健儿敢怒不敢言，纷纷惊跑掉。“冰厂俄顷成曠居，冰礫飞飞苦鸣镝。”形容冰厂片刻变成无人呆的空旷，而冰冻成传说中的一种蝴蝶，纷飞似苦鸣笛般。“可憐驚走千城将，日暮冰厂冬寂寂。”是说喧闹无比的溜冰场，陡然寂寞无人。冬日是很少出现惊雷的，父亲采用借喻的手法，来表明对天津社会时政的一种讽刺。另外，以生计比较拮据的青年人的视角，也真实反映了当时天津开放和多元文化的某一缩影。

下面是吴宓先生的简介，以及父亲是如何结识吴宓先生的。

吴宓（1894—1978），中国学者，著名的比较文学家，字雨僧，陕西泾阳人。一九一一年初考入北京清华学堂（清华大学前身），一九一七年赴美国留学，先后在弗吉尼亚大学和哈佛大学比较文学系学习，获硕士学位。一九二一年回国，在南京国立东南大学任教，与梅光迪等人联合创办《学衡》杂志，任总编辑。一九二五年应聘任清华国学院主任、教授。后又在西南联大、武汉大学、西南师范学院执教。吴宓学贯中西，主张“中西贯通”，注意研究中西文化的异同，通过比较、综合、创新，在广博的基础上融合新时代的理性秩序和道德理想。其主要译著散见于《学衡》杂志和他所主编的天津《大公报》文学副刊。著有《吴宓诗集》《文学与人生》《吴宓日记》等。一九四九年全国解放前夕，国民党当局再三逼迫他去台湾，被他坚决拒绝；国外有些名牌大学以重金延聘他出洋任教，他亦婉辞不就。他深情地说：“我是炎黄子孙，我的事业就要植根于祖国的土地。”一九五六年，出于一腔爱国之热忱，他将多年珍藏的大量中外书籍，慨然捐赠给西南师院图书馆。

父亲在“廉士聪出身和经历”中曾提到，一九三五年，在天津出版的《国闻周报》（一九二四年八月在上海创刊，一九二七年搬往天津，一九三六年又迁回上海，一九三七年十二月停刊）登过一篇他用文言文写的《读吴宓诗集》，得到了吴宓先生的关注和鼓励，二人从此建立了联系。吴先生在长沙时，父亲还邀他投资五十元于自己办的刊物《今天》十日刊。从百度网上可查到，《吴宓陈寅格杜诗接受之比较》一文中指出：“吴宓在《吴宓自识》中说，‘吾于中国诗人，所追慕者三家：一曰杜工部，二曰李义山，三曰吴梅村。以天性所近，学之自然而易成也。’他的朋友学生也每以杜甫许之，如凌道新《寿雨僧七十》：‘重吟杜老西南句，正值华封七一时。’廉黙（父亲的笔名）：‘意气宏肆，诗趣渊邃，有似杜工部者’”。

我就一次听到父亲讲，他十九岁时把自己和杨宪益先生写的古诗词寄给吴宓先生，得到吴宓先生的赞扬和鼓励。他再没有讲过他一生有什么值得骄傲的事情了。足见吴宓先生对父亲一生影响是很深的！

下面两首诗词均是父亲去北京与吴宓先生会面时所写的。

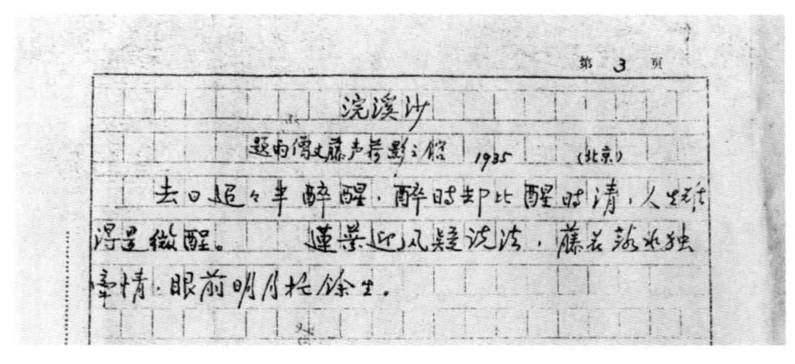

第 3 页

浣溪沙

题雨僧丈藤声荷影之馆 1935 （北京）

去日迢迢半醉醒，醉时却比醒时清，人生难得是微醒。 莲叶迎风疑泛浪，藤花落水独牵情，眼前明月托余生。

浣溪沙

题雨僧丈藤声荷影之馆　1935 （北京）

去日迢迢半醉醒，醉时却比醒时清，人生難得是微醒。　　蓮葉迎风疑说法，藤花落水独牵情，眼前明月托馀生。

清华大学的清华园中，有一个很小的花园，其南面是吴宓先生曾居住过的“藤影荷声之馆”（根据父亲在该首词词牌下面的注解，“藤声荷影之馆”可能有误，前后字颠倒了），梁启超先生也曾在此“赁馆著书”。“藤影荷声之馆背后是清澈的湖水，四周小山将它围起来，植满了茂密的树。夏天的时候，湖面飘满荷叶，树上的蝉声，水里的蛙声，都扰不了这里的安静。门前有一副对联：‘槛外山光历春夏秋冬万千变幻都非凡境；窗中云影在东西南北去来澹荡洵是仙居’。”

看来父亲一九三五年二十一岁时，有幸拜见吴宓先生，并到其居住的“藤影荷声之馆”求教，欣然作词一首。如何理解词中之意？《庄子》中有四种得道的境界：真人、圣人、至人、神人。对后三者《庄子》评价道：“至人无己，神人无功，圣人无名。”这三者其实就和《道德经》所讲的“希”“微”“夷”一样：视之不见，名曰“夷”；听之不闻，名曰“希”；搏之不得，名曰“微”，为其中最后一层次。王国维在《人间词话》说：“古今之成大事业、大学问者，必经过三种之境界：‘昨夜西风凋碧树，独上高楼，望尽天涯路。’此第一境也。‘衣带渐宽终不悔，为伊消得人憔悴。’此第二境也。‘众里寻他千百度，蓦然回首，那人却在，灯火阑珊处。’此第三境也。”“众里寻他千百度，蓦然回首，那人却在，灯火阑珊处”是引用南宋辛弃疾《青玉案》词中的最后四句。梁启超称此词“自怜幽独，伤心人别有怀抱”。这四句是借词喻事，喝酒的喝到“蓦然回首，那人却在，灯火阑珊处”这个境界，那时的酒，从严格的意义上讲，已经不再是酒，而在一种“精神”了！可见父亲说吴宓先生“去日迢迢半醉醒，醉时却比醒时清，人生难得是微醒”（唐朝杜甫十分推崇李白这位从不掩饰内心的伟大诗人，杜甫的《饮中八仙歌》曾写道，“苏晋长斋绣佛前，醉中往往爱逃禅。李白斗酒诗百篇，长安市上酒家眠，天子呼来不上船，自称臣是酒中仙。”），是借用古人的道德高度，表明对吴宓先生的学识和业绩很敬仰。唐代郑谷《莲叶》的诗句描述荷花莲叶相互遮挡，为的是盖住鸳鸯。“蓮葉迎风疑说法”表明我父对此提出质疑，认为莲叶很可能是迎风挺立的。如同人们往往认为“藤花落水无情”一样，我父却以为“藤花落水独牵情”。关于明月的诗词，数不胜数，人们常常联想到的是宋代苏东坡《水调歌头》中的名句“明月几时有，把酒问青天”与“但愿人长久，千里共婵娟”。那样脍炙人口！我父则别有情趣和深情地写道，“眼前明月托馀生”，刻意表现出父亲对吴宓先生在古文诗词和学术上的依托之情，其中“馀生”是吴宓先生的另一个笔名“余生”的谐音，可见父亲的谦虚之心这首词亦收录在《吴宓诗集》之中。父亲在“廉士聪出身和经历”中，只讲了两个人对他的深刻影响，吴宓先生就是其中之一。

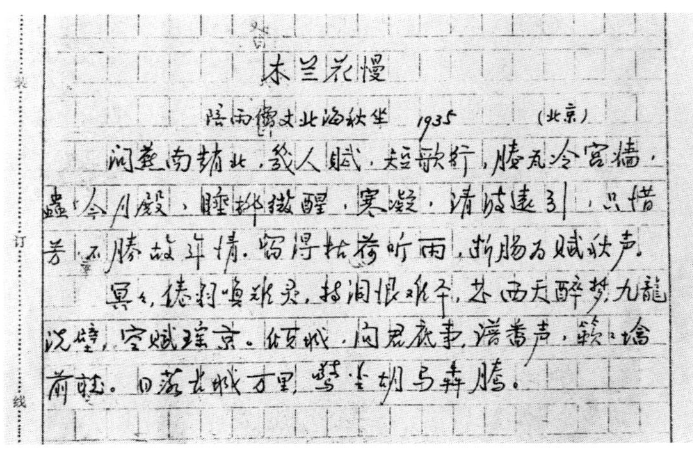

木兰花慢

陪雨僧丈北海秋坐　1935（北京）

问燕南趙北，幾人賦，短歌行，滕瓦冷宫墙，蟲吟月殿，睡柳微醒，寒凝，清波遠引，只惜芳，不勝故年情，留得枯荷听雨，断肠为赋秋声。

冥冥，倦羽唤雉灵，持洞恨难平，念西天醉梦，九龍洗壁，空赋瑶京。倾城，问君底事，谱番声，簌簌墙前聽。日落长城万里，驚尘胡马犇腾。

《木兰花慢·可怜今夕月》是南宋词人辛弃疾创作的一首词。这是一首富有浪漫主义色彩的中秋咏月词。词人效仿屈原《天问》体，对月亮提出了一系列疑问，对种种有关月亮的神话传说提出了自己的想法，也暗含了对人生、对社会的无限困惑和痛苦无人理解的郁闷。这首词在形式上打破了上下阕的界限，创造性地采用问句形式，通篇设问，一问到底，一气贯注，势如破竹。一九三五年，我父于北京北海，陪着我国当代著名学者，又是自己崇拜的老师吴宓秋坐，也效仿辛弃疾，采用屈原《天问》体，作词一首。

词的上片，开头写道，“问燕南趙北，幾人賦，短歌行”，其中，“问燕南趙北，幾人賦”是我父通过问句，突出赞扬《短歌行》。《短歌行》本是汉乐府的旧体，现存最早的属曹操所作的一首，尤其是传诵久远的“对酒当歌，人生几何？”抒发了曹操的政治抱负，给后人留下宝贵的精神财富，鲁迅评价曹操为“改造文章的祖师”，我父借此句暗喻吴宓先生的学问和远大抱负。“賸瓦冷宫墙，蟲今月殿”（其中，“宫墙”引自唐代岑参的《送郑少府赴滏阳》；“月殿”引自南朝梁简文帝《玄圃园讲颂》序：“风生月殿，日照槐烟”），字面上是讲，有人拆卸宫廷院宫墙，蟲扰帝王居所和朝会的地方。实际上，我父暗讽日寇，在吞并我国东北以后，又将魔爪伸向华北的野心一步一步显露出来。“睡柳微醒，寒凝，清波遠引”中的“微醒”引自宋代赵闻礼《隔浦莲近》中的“微醒带困，离情中酒相半”，“寒凝”引自宋代张玉娘的《卖花声・冬景》中的“衾重夜寒凝”，“清波远引”来自词牌名“清波引”，此词调以宋代姜夔的《清波引・冷云迷浦》为正体。此句意思是，在前述的背景之下，吴宓先生的才智，真似睡柳觉醒，不畏艰难险阻且善解人意，如清澈的流水奔向远方。“留得枯荷听雨，断肠为赋秋声”引自唐代李商隐的《宿骆氏亭寄怀崔雍崔衮》中的“秋阴不散霜飞晚，留得枯荷听雨声”，以及北宋欧阳修的《秋声赋》，该赋以悲秋为主体，抒发人生的苦闷与感叹。我父的意思是说，当人们只留下枯残的荷叶听着秋雨的声音，悲痛到极点时，应以现实感赋秋声。虽然无法知晓我父陪吴宓先生北海秋坐，都聊了些什么，但我父肯定聆听了先生的指教，同时也自然涉及到国运与时政。

词的下片，可能是我父聆听后，有感而发，“冥冥，倦羽唤雉灵，持洞恨难平，念西天醉梦，九龍洗壁，空賦瑶京。”其中，“倦羽”引自宋代释文珦的《感兴》中的“倦羽复奚适”（疲倦的鸟儿又飞到哪里去），“倦羽唤雉灵”，是说疲倦的羽翼唤起了鸟儿的灵感。“持洞恨难平”，引自宋代刘振翁《浪淘沙（秋夜感怀）》。“空赋瑶京”，引自唐朝张鸣鹤《空赋》。这一段引经据典是说，人们在不知不觉中感到，如倦羽的鸟持洞飞进，但是，有恨难消，就如同醉梦中念叨去西天，祭洗龍壁盼龙飞，空赋繁华的京城一样的虚幻。进而，“倾城，问君底事，谱番声，簌簌墙前聽。”全城的人们，都在问君何事难平，吴宓先生的论述如“谱番声”，纷纷灌入耳中，使我父心潮澎湃，感触莫深！“日落长城万里，驚尘胡马犇腾。”不禁联想到唐代王昌龄的著名诗句，“秦时明月汉时关，万里长征人未还。但使龙城飞将在，不教胡马度阴山。”（《出塞两首》[其一]），而今现实是，日寇铁蹄飞尘在国土上肆虐。该词是对两个人在北海秋坐，无心观赏风景，因为国家被日寇侵华的阴影所笼罩，悲愤心情油然而生的真实写照！

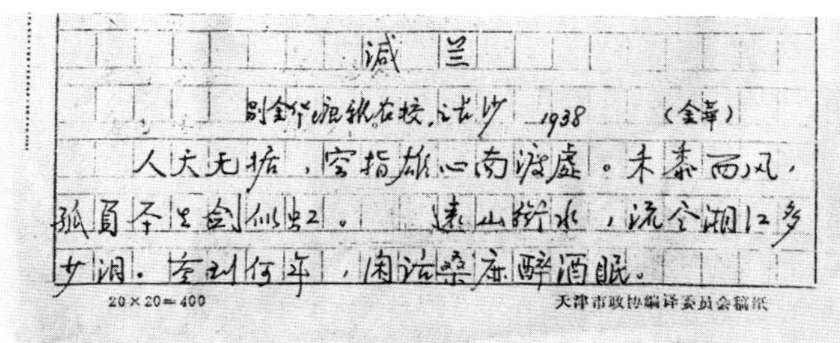
减兰
别金华塘雅农校，去长沙 1938 （金華）
人天无据，空指雄心南渡處。禾黍西风，孤負平生剑似虹。 遠山衔水，流尽湘江多少泪。重到何年，闲话桑麻醉酒眠。
20×20=400 天津市政协编译委员会稿纸

减　兰

别金华塘雅农校，去长沙　1938（金華）

人天无据，空指雄心南渡處。禾黍西风，孤負平生剑似虹。　遠山衔水，流尽湘江多少泪，重到何年，闲话桑麻醉酒眠。

该首词的词牌减兰，一般指减字木兰花，又名“木兰香”“天下乐令”“玉楼春”“偷声木兰花”“木兰花慢”等。定格为欧阳修《减字木兰花·歌檀敛袂》，此调双调四十四字，前后段各四句，两仄韵两平韵。代表作有李清照《减字木兰花·卖花担上》等。父亲参照前人的格调，整首词平仄严格，共四十四个字。

写词的背景是，父亲开始在长江流域诸省奔波。一九三七年底，父亲从国民党中央政治学校大学毕业后，先后到浙江省兰溪县任国民党政府督学（任职二个月），到浙江省国民党省立金华塘雅农业职业学校任史地教员兼训育主任（任职六个月），到湖南省长沙是第三任，为《今天》十日刊编辑，每月津贴二百元。四月二十日，由中央政治学校返湘学生魏方等创办的《今天》十日刊创刊，父亲的“廉士聪出身和经历”这样写道：“魏负总责，我为副手，还有一个勤工同志。其他都是一些抗日的学生”。创刊号刊登了吕振羽《为真理而斗争》一文，文章指出，中国人民抗日是“向着进步的革命方向行进，是在实践历史的客观真理。”长沙大火后《今天》十日刊迁重庆出版。

词首的前两句是，“人天无据，空指雄心南渡处。禾黍西风，孤負平生剑似虹。”其中，“人天无据”（引自清代龚自珍《减字木兰花·偶检丛纸中》），表明人心难测，天意无常，亦指国内形势变化无常，空怀一身雄心没有施展处。下句的意思是，西风吹送着禾黍浪潮，淹没（孤負，同“辜负”意）人们的如虹剑气（“孤負平生”，引自唐代韩愈《感春·朝骑一马出》；“剑似虹”，引自清代龚自珍《夜坐（其二）》）。这前两句，是我父东西奔波无奈心情的写照。然而，抛去自我，词锋陡转。“流尽湘江多少泪”（引自五代李煜的《忆江南·多少泪》中的“多少泪，沾袖复横颐。”意思是说，我有多少泪水，纵横交错地留在脸上），表达父亲对湖南将士抗日精神的缅怀之情。“重到何年”引自唐代杜荀鹤《题江山寺》中的“遍游销一日，重到是何年。”当事物过了它的极限点，就会向与它原来相反的方向发展，预示抗战必胜。“闲话桑麻醉酒眠”，引自唐代孟浩然《过故人庄》中的“开轩面场圃，把酒话桑麻。”意思是说，当人们相聚在一片打谷场和田园之中，对酒而共话无杂言，预示着人们庆祝胜利时，对酒当歌，不醉不眠。从一侧面反映，我父由浙江赴长沙，受到湖南省抗战的热情高涨的影响（1938 年 10 月 27 日武汉失守后，湖南变成了抗日战争的前线）。整个词意反映了父亲心情的变化。

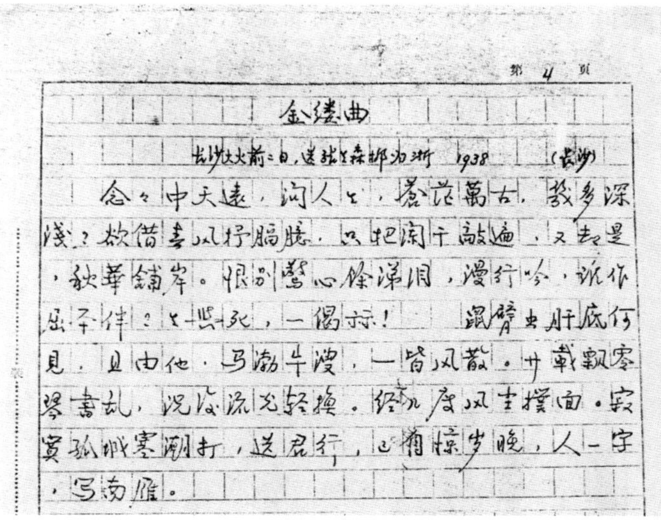
第 4 页

金缕曲

长沙大火前二日，送张生森柳归浙 1938 （长沙）

念々中天遠，问人々，蒼茫萬古，幾多深淺？欲借春风抒腷臆，只把闌干敲遍，又却是，秋華鋪岸。恨别驚心餘涕泪，漫行吟，谁作屈平伴？生與死，一偈訴！ 鼠臂虫肝底何見，且由他，马渤牛溲，一皆风散。廿載飄零琴書乱，况後流光轻换。经几度风尘撲面。寂寞孤城寒潮打，送君行，已自惊岁晚，人一字，写南雁。

金缕曲

长沙大火前二日，送张生森柳归浙 1938（长沙）

念念中天遠，问人生，蒼茫萬古，幾多深淺？欲借春风抒腷臆，只把阑干敲遍，又却是，秋華鋪岸。恨别驚心餘涕泪，漫行吟，谁作屈平伴？生與死，一偈祢！ 鼠肝虫臂（手稿中为“鼠臂虫肝”）底何見，且由他，马渤牛溲，一皆风散。廿載飘零琴書乱，况後流光轻换。经几度风尘撲面。寂寞孤城寒潮打，送君行，已自惊岁晚，人一字，写南雁。

我父在词牌的下面一段小注，指明该词是因一九三八年十一月十二日长沙大火的前两日（在日寇占领岳阳之后，蒋介石密令湖南省政府将长沙全城焚毁），送张生森自长沙返浙所作。张生森显然是父亲当时的好友，虽然现在无从考证张生森的身份和工作，但从父亲采用清代词人多用的词牌“金缕曲”，该曲著名的清代词人纳兰容若，所写此曲，是赠给好友顾梁汾的，足见我父对此人的感情之深。

该词的上片首句，“念念中天逺，问人生，蒼茫萬古，幾多深淺？”中，“苍茫萬古”，引自明代高启的《登金陵雨花台望大江》中的“坐觉苍茫万古意”，意思是，问人生，面对荒烟落日，一种旷远迷茫的怀古之情，油然而生，这也是我父此时此刻的心情的写照。“欲借春风抒膈臆，只把阑干敲遍”描写对此人的远离，发自肺腑的把栏杆敲得不知多少遍！“又却是，秋華铺岸。”引自汉张衡《思玄赋》中的“纗幽兰之秋华兮，又缀之以江离。”喻示张生森离长沙返浙，恰逢秋天的花铺路。“恨别驚心餘涕泪，漫行吟，谁作屈平伴？”中，“恨别驚心餘涕泪”，可能受唐代杜甫《春望》中的词句“感时花溅泪，恨别鸟惊心”的启发。此时我父的心情，类同于杜甫感伤国事，内心惆怅怨恨无比，当送张生森时，他的流泪也使我父很揪心！“漫行吟，谁作屈平伴？”引自屈原的《离骚》中“行吟泽畔兰泣露”，描写屈原此时好似触摸那汨罗江畔带露的文字，任蒹葭（没开花的芦苇）苍苍结成溯流的兰舟，踏向那久违的圣地。同样反映出我父送张生森的悲愤心境。我父的心境不是到此为止，而是又引入佛经中的典故，“生與死，一偈祢！”人的生与死，用佛语概括讲，共四句即“一偈”（刚好词的上片，共四句话）。

词的下片写道：“鼠肝虫臂（手稿中为‘鼠臂虫肝’）底何见，且由他，马渤牛溲，一皆风散。”其中，“鼠肝虫臂”，引自宋代陆游《成都岁暮始微寒小酌遣兴》中的句子，字面上讲的是老鼠的肝和虫子的臂，实际上也比喻事物变化无定；“且由他”，这种无定也只好由它，不是以人的意志为转移的；“马渤牛溲”，引自明王世懋《艺圃撷余》，指不值钱的东西；“一皆风散”引自《后汉书・刘陶传》，这一句词合起来就是说，“不值钱的东西让它随风消散”，可能是我父对张森柳的嘱咐。“廿載飘零琴書乱”，其中，“琴书”多为古时读书人生涯常伴之物，这可能指我父与张生森作为读书为乐的人，飘零二十载生涯，即便也没成就什么大业，也许会落得“况後流光轻换”，被后人流传，轻轻挂念。

当送走张生森后，“经几度风尘撲面。”我父回想起与张生森一起，在纷乱的社会中，多有忙碌劳累之身躯，此时心情为如此境地，“寂寞孤城寒潮打，送君行，已自惊岁晚，”其中，“寂寞孤城寒潮打”引自元代萨都剌的《满江红・金陵怀古》中的“寂寞打孤城，春潮急。”意思是作者当时感到，春潮拍打着金陵城，激荡着寂寞的声音；“惊岁晚”可能引自杜甫《秋兴八首（其五）》中的句子“一卧沧江惊岁晚”，意思是说杜甫忽然间惊醒，他已在这沧江上病了快一年了。此句喻指我父在送张生森的悲愤过程中也突然惊醒，还是祝福他吧。“人一字，写南雁”意思是像大雁一样志在四方、展翅高飞。我父以此作词尾，给予张生森美好的愿景！

该词中“廿载飘零琴書乱，况後流光轻换。”是我父与张生森当时共同的写照与愿望。我父词中的肺腑之言，真是说中了！半个多世纪后，晚辈理应把中国古诗词的精神流传下去！

（二）二十世纪四十年代

一九四一年二月至一九四三年三月，我父一直任福建省咨议，实职在政府农林处任职，编《农业月刊》。在此期间，共撰写了十三首诗词，也是在一地最多的。当时正值抗战时期，国民党福建省政府从福州内迁至福建中部山城永安，一九三八年五月至一九四五年十月，永安作为暂时省会达七年半之久。在中国共产党倡导的抗日民族统一战线旗帜下，一大批革命支持分子、热血青年、爱国进步人士和一些身份隐蔽的共产党员云集永安，在这物资匮乏、疾病肆虐、环境险恶的小山城里，以笔墨作刀枪，谱写了抗日救亡的英雄赞歌，使永安成为东南抗战文化的一面旗帜。据统计，战时永安曾有过三十九家出版社、十九所印刷所、十五家书店，先后出版了十二种报纸、一百二十九种期刊、八百多种图书，还成立戏剧团体十多个，发表剧本七十多种，新办国立音乐专科学校、胜利永安中学、省立师范学校、省立农学院等多所中高等学校。一九四一年皖南事变后，国民党采取高压手段摧残进步文化，许多进步刊物被迫停刊。一九四三年初夏，在中共南方局和中共福建省委的领导下，永安抗战文化活动以《建设导报》为开路先锋，再次全面铺开。

福建省农林处及编辑部设于永安城外的吉山乡。福建省农林处原为“福建省农业改进处”，一九四二年十月一日，奉省府令改组而重新设立。在城内设有办事处，报纸印刷业务则由罗丹先生的风行印刷分社负责。《福建农业》作为该处的专业报纸，主要职责是宣传省政府的农林政策、报道全省农业信息及普及农业科学知识。

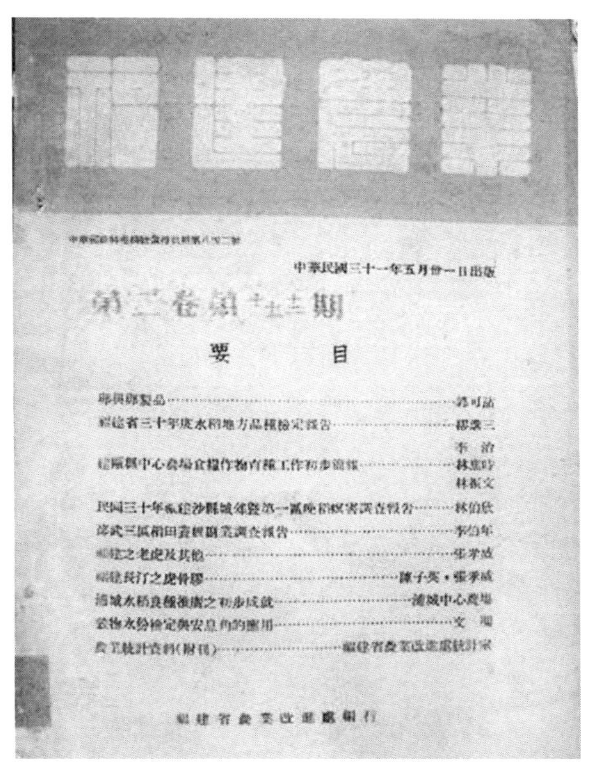

中華民國三十一年五月卅一日出版

第二卷第十一、十二期

要　目

福建省農業改進處編行

高陽台　1941　（金華東，永安）

日暖花開，风迴艸綠，小廬總鎖春深。歌歇行初，琴邊往事沉沉。寒凝玉指驚声斷，望空山，輕梦難尋。訴情心，煙外輕峰，月外餘音。　当时杜牧今何在？正愁翻夜雨，不耐孤吟。一派寒潮，依々卷入遥岑。风光自是勤流转，惜芳菲，孤負幽衿。恨難禁，子已成枝，葉已成陰。

附寄靖伯老和词

20×20=400　　天津市政协编译委员会稿纸

高陽台 1941（金華事，永安）

日暖花開，风迴艸绿，小廔馋锁春深。歌歇灯初，琴邊往事浮沈，寒凝玉指莺声断，望空山，轻梦難尋。沁情心，煙外轻峰，月外餘音。

当时杜牧今何在？正愁翻夜雨，不耐孤吟。一派寒潮，恹恹卷入遥岑。风光自是勤流转，惜芳菲，孤負幽衿。恨難禁，子已成枝，葉已成陰。

附富清伯菴和词

濃雾笼寒，虚堂纳润，重簾不卷春深。梦泽灵均，争如醉在沈沈。消愁可惯匡牀卧，换芒鞋，云壑幽尋。似和予，引吭高歌，空谷清音。

臨流久怯孤鸾廋，又通宵剧饮，刻烛孤吟。万里炎荒，南來北往何心。憐伊泪眼盈盈處，莽天涯，谁惜青衿，更难禁，過尽千帆，楼外轻阴。

高阳台，调名取自战国时期楚国宋玉的《高唐赋》。北宋新声，但流行于南宋后期。以刘镇《庆春泽·丙子元夕》为正体，双调一百字，前后段各十句、四平韵。代表作有张炎《高阳台·西湖春感》等。我父因为同朋友和词，而富清、伯菴的词略超出字数，所以我父的词变成为前后段各十一句词，与富清、伯菴的词基本呈对仗形式，只是内容有差异，彼此心情也不尽然相同。一九四一年一月，父亲从浙江省金华处刚刚脱离了国民党军队的文职岗位，同年二月来到福建永安从事自己喜欢的编辑工作。

词的上半阕表达我父心情如“日暖花開，风廻艸绿，小廔馋锁春深”般，其中，“风廻”引自宋代陈嘉官的《游霍童》中的“半醉风廻铁笛，中宵冷露瑶坛。”意思说，喝得半醉时，夜风吹过铁笛，半夜时分清凉的露水落在台阶上；“锁春深”，引自宋代张炎《忆旧游》，张炎创作了我国最早的词论专注《词源》。由此显然看出，我父与富清、伯菴所处的环境截然不同，虽然现在无从查对，但从我父词牌旁的小注，可以推断富清、伯菴很可能仍在金华，在他们眼里“濃雾笼寒，虚堂纳润，重簾不卷春深”，即浓雾笼罩似寒春，空堂寂静，比外面环境好些，屋内重帘未卷起。同样都是“春深”，富清、伯菴用“不卷”，体现人们防春与伤春的心情；我父则以“馋锁”，是羡慕和留住春深。接着，我父引用白居易和刘著两首词中的各一典故，“歌歇灯初，琴邊往事浮沈，寒凝玉指莺声断，望空山，轻梦難尋。”表明自己作赋吟诗歇息时，好似琴边往事起，同富清、伯菴分离的凄清寒意涌上心头，与富清、伯菴的“梦译灵均，争如醉在沈沈。消愁可惯選牀卧，换芒鞋，云壑幽尋”相对仗（其中，“灵均”为屈原之字，后引申为词章之士，表达做文章的读书人之意；“芒鞋”出自宋代汪莘的《春怀十首（日酿天正绿）》中的“芒鞋过涧壑，竹杖穿林丘。”意思是说，穿着草鞋走过山涧沟壑，扶着竹手杖穿过树林。)。据富清、伯菴形容，他们的处境就像沉沉醉去，消愁时，放任自己随意床上躺，或穿上草鞋，去云雾遮盖的山谷里寻找刺激。虽然已分别了，但是，我父又以“沁情心，煙外轻峰，月外餘音”安慰之，在朝霞之中他们的音容笑貌沁人肺腑，与富清、伯菴的“似和予，引吭高歌，空谷清音”（其中，“空谷清音”出自辛弃疾的《生查子・独游雨岩》中的“高歌谁和余，空谷清音起。”）形成共鸣。富清，伯菴回忆与我父和词，如同引吭高歌，回荡在幽静的山谷之中。

和词的下半阕，对当时抗战陷入低潮，特别是刚刚发生的国民党有预谋地围剿新四军的事件（一九四一年一月），我父呈现忧郁的一面。“当时杜牧今何在？”以问句形式表达对国民党当局的强烈不满：敢于对抗当朝療政的杜牧何在？此句连同“正愁翻夜雨，不耐孤吟”与富清、伯菴的“臨流久怯孤鸾庋，又通宵剧饮，刻烛孤吟。”如出一辙。富清、伯菴“一派寒潮，恹恹卷入遥岑”，指寒凉的潮水（喻阴恶的政治形势）气息微弱地奔向远处陡峭的小山崖（遥岑），与富清、伯菴的“万里炎荒，南来北往何心”相对仗（表达了他们扪心自问，在万里炎荒之地，也不知在来来往往之间是何心情）。接下来词锋陡转，历史的长河往往是“风光自是勤流转”，要“惜芳菲，孤負幽衿”（其中，“惜芳菲”出自宋代邵雍的《惜芳菲》；“孤負幽衿”引自宋代宋庠的《寒野》中的“幽衿忽忘返，更为月娟娟。”）。我父是对富清和伯菴说，风光（指社会形势）自是不断变化的，可惜这春天的花草辜负了有志报国的学子，与富清、伯菴的“憐伊泪眼盈盈处，莽天涯，谁惜青衿”相对仗（莽天涯引自明代王讴的《暮雨独坐》中的“天涯莽寥落，行子断归心。”)，富清、伯菴是在表达闯天涯的读书人，有谁人珍惜的愤懑之情。我父进一步和词，“恨難禁，子已成枝，葉已成陰”（其中，“恨难禁”出自魏晋张翰的《思吴江歌》中的“三千里兮家未归，恨难禁兮仰天悲。”)。这与富清，伯菴词的末尾“更难禁，過尽千帆，楼外轻阴”（其中，“楼外轻阴”出自宋代张元干的《天仙子・楼外轻阴春澹伫》)，遥相呼应。和词中也不乏志士文人应该拿起笔墨挥毫的激情。由此看，我父词中的“当时杜牧今何在？正愁翻夜雨，不耐孤吟。”应该是和词中的核心思想。

水龍吟

書怀，集苏辛词。 1941.10.14 （永安）

人生幾度新涼 苏《西江月》，湖山信是東南美 苏《虞美人》。都无人管 辛《摸鱼儿》，好風如水 苏《永遇乐》，月華如洗 辛《满江红》，庭户无声 苏《洞仙歌》，秋香院宇 辛《踏莎行》，无情有思 苏《水龙吟》、恨舟車南北 辛《声声慢》，蒼顏華髮 苏《醉落魄》，謾且住，為佳耳 辛《霜天晓角》石卧山前認虎 辛《雨中花慢》，又却是 苏《贺新郎》辛《鹧鸪天》，蝸頭微利 苏《满庭芳》。闲愁最苦 辛《摸鱼儿》，不應回首 苏《八声甘州》，此時風味 苏《贺新郎》。底事区区 苏《蝶恋花》，衣冠人笑 辛《沁园春》，本非有意 苏《醉翁操》，且丁寧休負 辛《满江红》，千鍾美酒 苏《满庭芳》，但一回醉 苏《行香子》。

水龍吟

書怀，集苏辛词，1941.10.14（永安）

人生幾度新涼（苏《西江月》），湖山信是東南美（苏《虞美人》）。都无人管（辛《摸鱼子》），好風如水（苏《永遇乐》），月華如洗（辛《满江红》），庭户无声（苏《洞仙歌》），秋香院宇（辛《踏莎行》），无情有思（苏《水龙吟》），恨舟車南北（辛《声声慢》），蒼颜華髮（苏《醉落魄》），得且住，为佳耳（辛《霜天曉角》）。

石卧山前認虎（辛《雨中花慢》），又却是（苏《贺新郎》，辛《鹊桥仙》），蝇頭微利（苏《满庭芳》）。闲愁最苦（辛《摸鱼子》），不应回首（苏《八声甘州》），此時風味（苏《贺新郎》）。底事区区（苏《蝶恋花》），衣冠人咲（xiào）（辛《沁园春》），本非有意（苏《哨遍》），且丁寍休負（辛《满江红》），千鐘美酒（苏《满庭芳》），但一回醉（苏《行香子》）。

水龙吟，词牌名，又名“水龙吟令”“水龙吟慢”“鼓笛慢”“小楼连苑”“海天阔处”“庄椿岁”“丰年瑞”。此调以苏轼《水龙吟·露寒烟冷蒹葭老》为正体，双调一百零二字，前段十一句四仄韵，后段十一句五仄韵。据说，“水龙吟”最早是南北朝时北齐的一组古琴曲，据《北齐书》卷二十九“郑述祖传”：“述祖能鼓琴，自造《龙吟十弄》，云尝梦人弹琴，寤而写得。当时以为绝妙。”

我父按照正体格调写了这首词，每一句都引自苏轼和辛弃疾的著名词句，以此构成其整体，抒发其在永安的感怀，这肯定是作者在仔细阅读了苏轼和辛弃疾的词后撰写的。

上半阕，首句词“人生幾度新涼”，体现我父感叹有如古人苏东坡一样的境遇。第二句词“湖山信是東南美”，是借古人之手赞扬永安的美景，引自宋代苏轼《虞美人·有美堂赠述古》中的诗句。当时杭州太守陈襄（字述古）调任，即将离杭，设宴于杭州城中吴山上之有美堂，应陈襄之请，苏轼即席写下了此词，词中以白描取胜，紧扣有美堂居高临下的特点，把景物和情思交织起来。“都无人管”（第三句词），引自南宋辛弃疾的《祝英台近·晚春》中的诗句。我父由于与好友离别的痛苦，无心暇顾周边美好的景色，暗示我父写词时的无奈心情。“好風如水”（第四句词），引自宋代苏轼《永遇乐·彭城夜宿燕子楼》中的诗句，表明秋风送爽犹如流水一般的清凉。“月華如洗”（第五句词）即月光如洗，父亲表面写美景，实则暗喻国之大事，借用辛弃疾《满江红（宿酒醒时）里的词句》，抒写力图恢复国家统一的爱国热情，倾诉壮志难酬的悲愤，对当时执政者的屈辱求和颇多谴责，也表明我父支持全民抗战的决心！“庭户无声”（第六句词），引用苏轼词《洞仙歌·冰肌玉骨》中的词句，借以表达我父很赞同苏轼对时光流逝的深深惋惜和感叹之情。“秋香院宇”（第七句词），引自宋代辛弃疾的《踏莎行·庚戌中秋后二夕带湖篆冈小酌》，指飘满秋天香味的院落。“无情有思”（第八句词），则引自宋代苏轼《水龙吟·次韵章质夫杨花词》，词中言杨花看似无情，却有它的愁思，正好与我父写词的心情产生共鸣。“恨舟車南北”（第九句词），引自辛弃疾的《声声慢（隐括渊明停云诗）》，该词反映了辛弃疾对当时执政者的屈辱求和颇多谴责，借用恨车船南北向想去哪来表达愤恨之心，这也是我父当时抗日迫切心情的代言。“蒼颜華髪”（第十句词），引自苏轼的《醉落魄/一斛珠·苏州阊门留别》，当时苏轼离开杭州赴密州，途经苏州，有歌伎在阊门出城处为他设宴饯行，感触颇深，写下该词。苏轼因反对王安石变法被贬，觉得自己与歌伎同是天涯沦落人，尽管当时他只有三十七岁，却自称“苍颜华发”，词中既有与佳人依依惜别的深情，也有思乡之切。我父写《水龙吟》词时，也只有三十二岁，也许是年龄相仿而引此句吧。“得且住，为佳耳”（第十一句词），引自辛弃疾《霜天晓角·旅兴》，作者是在旅途中所作，正值古时清明节前一二天的寒食节，该句的意思是，希望能在寒食小住，以解旅途奔波之劳。我父可能表达，到永安已有八月之久，毕竟是抗日的前线，也是福建省国民党政府所在地，还是继续住下去吧。上阕我父借古人词表达了强烈的爱国抗战和思乡的情怀。

词下半阕，开头词锋陡转，“石卧山前認虎”（第十二句词）告诫某些看不清形势的人（也许是父亲在国民党中央政治学校的某些同学），不要辨不清功名事非、真假虚实，把石头当卧虎射之。“又却是”（第十三句词），既引自苏轼的《贺新郎·夏景》，又引自辛弃疾的《鹊桥仙·松冈避暑》和《鹊桥仙·己酉行书所见》，“蝇頭微利”（第十四句词）引自苏轼的《满庭芳·蜗角虚名》，此二句特别批评某些人原来是为了点“蝇頭微利”而不顾民族大义。“闲愁最苦”（第十五句词），引自辛弃疾《摸鱼儿》，表达了辛弃疾主张抗击金军、恢复中原而未被当朝所采纳的郁闷心情和感慨。“不应回首”（第十六句词），引自苏轼《八声甘州·寄参寥子》，此时苏轼五十四岁，由杭州知州召为翰林学士而赴汴梁，苏轼为他的好友僧人道浅（字参寥）作词寄赠予他，表示不再回首往事，而应淡忘仕进的机会。我父也是在告诫某些为了蝇头小利而误入歧途的人们，应以古人为鉴才是正道。“此時風味”（第十七句词），引自辛弃疾《贺新郎·甚矣吾衰矣》，作者感叹自己壮志未酬，以及落职后的寂寞和对时局深刻的怨恨。我父此句，与辛弃疾共鸣而发。“不应回首，此時風味”含蓄曲折地表达了父亲当时的情怀，描写细致，形象生动，言尽意远，韵味无穷。父亲该词收尾的一段表明对另一种人的劝说之意。“底事区区”（第十八句词），出自宋代苏轼的《蝶恋花（述怀）》，意思是说，此事微不足道，何苦要为官。“衣冠人咲”（第十九句词），出自宋代辛弃疾《沁园春·带湖新居将成》）的“衣冠人笑，抵死尘埃。意倦须还，身闲贵早”，意思是为什么甘为士人所笑，总是混迹尘埃？厌倦了官场就该急流勇退，求清闲越早越好。“本非有意”（第二十句词），引自苏轼的《哨遍·为米折腰》。“且丁寍休負”（第二十一句词），引自宋代辛弃疾的《满江红（游南岩和范廓之韵）》的“且丁宁休负，北山猿鹤”，意思是说，叮嘱郭廓之及早归隐，勿久恋仕途。“千鐘美酒”，引自宋代苏轼的《满庭芳·蜗角虚名》中的“江南好，千钟美酒，一曲满庭芳。”“但一回醉”，引自宋代苏轼的《行香子·秋与》中的“但一回醉，一回病，一回慵。”）我父这几句的意思是，赶紧趁着闲散之身未老之时，抛开束缚，放纵自我，逍遥自在，即使只有一百年的时光，我也愿大醉三万六千场。这可能是父亲奉劝还在国民党官场混的一些同学们，也可能是泛指类同的人们。

从上述可见，父亲所写的《水龍吟书怀·集苏辛词》引用苏东坡和辛弃疾二十三首著名词中各一句，基本符合该词牌的平仄韵律，这必是经过费心思量和精心挑选的。本诗紧密联系当时国情，分别对两种人规劝，可谓用心良苦，可见父亲在古诗词方面的功底之深，没有经过刻苦的学习和积累是达不到此水准的。

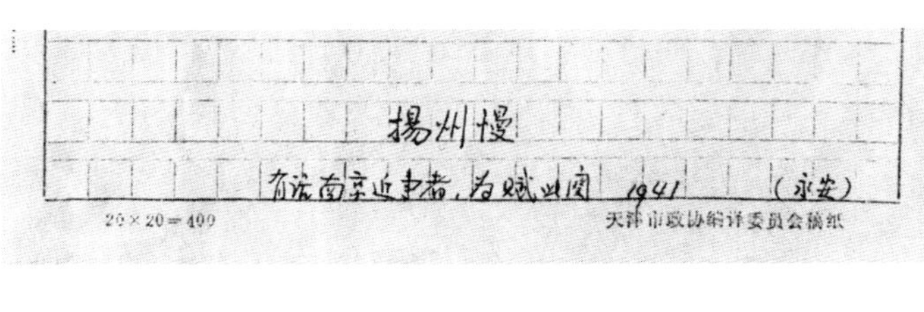

揚州慢

有谈南京近事者，为赋此阕　1941　（永安）

20×20=400　天津市政协编译委员会稿纸

第 6 页

故垒听潮，乌衣徙羽，秣陵难赋秋声。甚云山阻隔，又月照孤城。怕商女，犹歌玉树，不知遗恨，唱彻江汀。想秦淮，槛碧冥冥，空对峰青。　虫沙劫后，剩铜驼，巷陌堪惊。更胡马飞尘，归鸦噪日，此恨难平，千古伤心流水，六朝事，眼底重重。问《哀江南赋》，而今谁续君听。

附寄靖伯[illegible]《[illegible]》和词

白鹭洲前，乌衣巷口，斜阳[illegible]曾经。[illegible]，又胡马纵横。有商女，红牙紫玉，[illegible]歌连曲，不可[illegible]听。对东龙马水，[illegible]声。　[illegible]石头城，横遍荆榛。想[illegible]，[illegible]，触目[illegible]。终日秦淮呜咽，[illegible]，六朝腥膻，叹[illegible]孤[illegible]。

揚州慢

有话南京近事者，为赋此阕　1941（永安）

故壘听潮，乌衣倦羽，秣陵難賦秋声。甚雲山自许，又月照孤城。怕商女，猶歌玉樹，不知遗恨，唱徹江汀。想秦淮，摇碧冥冥，空對峰青。　　蟲沙劫后，會铜驼，巷陌堪驚。更胡马飛尘，歸鸦噪日，此恨難平。千古傷心流水，六朝事，眼底重生。问《哀江南賦》，而今谁读君听。

附富清伯厂《讷音集》和词

白鹭洲前，乌衣巷口，斜陽攬涕曾经。望青江一发，又胡马纵横。有商女，红牙紫玉，能歌遺曲，不可倾听。对车龙马水，斯人愁倚箫声。　　如何一霎，石头城，换遍旂旌。想兔走诸陵，鸦巢千殿，触目堪惊。终日秦淮呜咽，应难说，六朝膻腥，叹词成廉谔，瘴江繁雨孤灯。

扬州慢，词牌名，又名“胜胜慢”“朗州慢”。以姜夔《扬州慢·淮左名都》为正体，双调九十八字，前段十句四平韵，后段九句四平韵。另有双调九十八字，前段十句四平韵，后段九句四平韵等变体。该词中，姜夔洗尽铅华，用雅洁洗练的语言，描绘出凄淡空蒙的画面，笔法空灵，寄寓深长，声调低婉，具有清刚峭拔之气势，冷僻幽独之情怀。它既控诉了金朝统治者发动掠夺战争所造成的灾难，又对南宋王朝的偏安政策有所谴责，有一定的积极意义。

我父与还在南京共事的两位旧友富清、伯厂和词。上半阕反映与姜夔同样的情怀。自一九三七年十二月，南京被日寇占领和屠城后已有近四年，城中一片凄凉景象。词中的“秣陵”显然是指秦始皇将当时的金陵，改为“秣陵”，也就是秦代南京的称呼。我父参引古人的词句“故壘听潮，乌衣倦羽，秣陵難賦秋声。”其中，清朝纳兰性德的《秣陵怀古》，和北宋欧阳修《秋声赋》，分别是对六朝古都的风云变迁，以及当朝表达“悲秋”一样心情的词，我父借古讽今，即使人们禁锢在堡垒似的屋中，像鸟儿一样卷起羽毛那样的疲惫，在南京是绝不允许作赋表达政府如“悲秋”一样的短命，这就对仗于富清、伯厂的“白鷺洲前，乌衣巷口，斜陽攬涕曾经”（“白鷺洲前，乌衣巷口”引自宋代袁去华《柳梢青（建康作）》的原句，意思是作者为六朝兴废、潮生潮落而拭去眼泪），富清、伯厂借以表达他们两人此时对待南京抱有同样的心情。我父接着劝其二位旧友，“甚雲山自许”引自宋代辛弃疾的《沁园春·带湖新居将成》中的原句，而“月照孤城”则引自北周的王褒《关山月》中的“关山夜月明，秋色照孤城”，父亲的意思是说，既然平生以云和山自许，为什么还是呆在尘世里（南京这座孤家寡人之城）当官，惹先贤隐士嘲笑呢！而富清、伯厂则只有以“望青江一发，又胡马纵横”表达无奈的心情。我父以“怕商女，猶歌玉樹，不知遺恨，唱徹江汀。”对仗于富清、伯厂的“有商女，红牙紫玉，能歌遗曲，不可倾听”（其中，引自清代王士祯的《秦淮杂诗十四首·其十》中的“傅寿清歌沙嫩箫，红牙紫玉夜相邀。”）我父与富清、伯厂均以“商女”为题，但是，我父在商女前面加了一个“怕”字，而富清、伯厂用的是“有”字，表明不讲民族大义的人们，也就是“商女”，他们的态度轻重区别十分明显！我父引用杜牧的《泊秦淮》，用“不知遗恨，唱徹江汀”，抨击不知亡国恨的“商女”，而南京近事者用了“能歌遗曲，不可倾听。”（“能歌遗曲”引自元朝张翥《桂枝香》中的“小山人远，魂招不来，谩歌遗曲。”）从中可以看出，前后两词用语还是有差距的。我父以“想秦淮，摇碧冥冥，空對峰青”（其中，“摇碧”引自宋代刘仙伦的《满江红（寿郡幕）》中的“看白头红颊，目光摇碧、富贵康强仍有子，人生似此应难得。”意思是说，看白发红脸颊，目光映在酒杯里摇晃、富贵健康仍有你，像这样的人生应是难得的。）结束该词的上半阕，我父述说，国内人士思念着秦淮边，想象着静静的江水和空对数座青翠山峰的悲凉心境。而富清、伯厂的“对车龙马水，斯人愁倚箫声”则表明，他们人虽在南京，也只能面对所谓的车水马龙，伴着愁绪听着悲凉的箫声和旧曲度日。

该词的下半阕，仍是对日寇侵略的谴责之词。“蟲沙劫后，會铜驼，巷陌堪驚。”中的“铜驼”指铜制的骆驼，古代置于宫门外。据《晋书·索靖传》，索靖预知天下将乱，指着宫门外的铜驼感叹：“将来你会在荆棘之中！”后用“荆棘铜驼”形容国土沦陷后残破的景象。我父的意思是，南京沦陷后，士兵和百姓遭屠杀，小巷中幸存的居民受到惊扰，不得安生。接着进一步指责，日寇入侵我国如“胡马飛尘”，更像“歸鸦噪日”（引自宋代释绍嵩的《送别周上人》中的“断岭云归白，栖鸦噪日黄。”）“此恨难平”（出自宋代刘辰翁的《浪淘沙（秋夜感怀）》），其痛恨之情，与富清、伯厂的“想兔走诸陵，鸦巢千殿，触目堪惊”相对仗（引自宋代曾极《六朝》中的“兔窟遍诸陵。”）富清、伯厂的意思是说，战火使人们希望像兔子一样有许多住地，像乌鸦一样有千个避祸之处。我父继续写道，“千古傷心流水”（出自唐代李涉的《六叹》（本六首，今存三首）中的“千古伤心汴河水，阴天落日悲风起。”意思是说，在汴河水旁感怀历史，阴天落日时分刮起悲伤的风。）眼睁睁地看“六朝事，眼底重生”。接着父亲借中国南北朝文学家庾信的赋作《哀江南赋》（该词陈述了梁朝的成败兴亡，凝聚着作者对故国和人民遭受劫乱的哀伤。文笔流畅而亲切感人，如实记录了历史的真相，具有史诗的规模和气魄，故有“赋史”之称。）发问，以“而今谁读君听”结束本词，深切表达了词作者借古忧国忧民的情怀。富清、伯厂词写道，“如何一霎，石头城，换遍旂旌。”其和词收尾写道：“终日秦淮呜咽，应难说，六朝膻腥，叹词成廉铿，瘴（zhàng）江繁雨孤灯。”其中，“终日秦淮呜咽”，引自清代的王士祯《秦淮杂诗·其八》中的“千载秦淮呜咽水，不应仍恨孔都官”；“瘴江繁雨孤灯”，引自唐代柳宗元《岭南江行》。前面整句的意思是，以古人伤时吊古之口吻，历史就是秦淮河流淌着呜咽水，很难说六朝政权（“膻腥”是对南京汪伪政权的蔑称）如何，就同瘴气之江蛮雨暗孤城般一样短命。从和词中可见，富清、伯厂虽为南京近事者，也深深对当权者的不满，我父更表达了对“秦淮呜咽”政权的唾弃。

鹧鸪天

称楚称秦梦已成，降幡又出石头城。讶怜武定桥边水，空叹丹心照汗青

潮怒起，月无声。秦淮呜咽六朝庭。两朝宫袖偏宜昨，鹧鸪前头怕说兵。

陵树萋萋树集乌，烟笼落日出[illegible]。空梁落燕千君妇，春水成波怕我书。 纵万古，

20×20=400　　天津市政协编译委员会稿纸

第 7 页

嘆须臾，人间孤負六朝居。網來尽是過江鲫，一自春潮水涨初。

鹧鸪天

壬午元月试筆，拟宫词，四阕录二　1942（永安）

祢楚称秦梦已成，降幡又出石頭城。谁怜武定桥边水，空嘆丹心照汗青。明金陵城陷，一丐题诗武定桥边云："網常若在卑田院，奇丐羞存命一条"。题竟，投水而死。　潮怒起，月无声。秦淮呜咽小朝庭。两朝宫袖僞宜昨，鹦鹉前頭怕说兵。

陵艸萋萋樹集鸟，烟籠落日出鼪鼯。空梁落燕千君妬，春水成波怕我書。　愁萬古，嘆須臾，人间孤負六朝居，網來尽是過江鲫，一自春潮水涨初。

北宋词人晏几道有一首《鹧鸪天·十里楼台倚翠微》，这首词表现浪迹天涯的游子，急切盼归却又归期难定的苦闷心情。"拟宫词"是仿照古代宫人所做的怨词，以唐代白居易的宫词最为著名。我父此词按照北宋的《鹧鸪天》词牌名所写，写了四段，这里给出其中两段，仍是以抗战为题材，借古喻今。

该词的上半阕，首句"祢楚称秦梦已成，降幡又出石頭城。"（所谓"祢楚"的含义是继承已经灭亡的楚国；后一句引自唐代刘禹锡的《西塞山怀古》中的"千寻铁锁沉江底，一片降幡出石头。"）显然是暗指一九四〇年三月三十日，在南京成立的想替代国民党重庆政府汪伪政府，故曰

“称秦”的美梦成真，但是，这是以在南京城打出降旗挂在石头城头，对日寇伏地称臣，出卖国家为代价的。“谁怜武定桥边水，空嘆丹心照汗青”，意思是别说没有当年文天祥“留取丹心照汗青”的一点点影子，就连明朝金陵城陷时投水而死的乞丐都不如，此即小注中所说“明金陵城陷，一丐题诗武定桥边云，‘綱常若在卑田院，奇丐羞存命一条。’题竟，投水而死。”“潮怒起，月无声”（“月无声”出自唐代李冶的《明月夜留别》中的“离人无语月无声，明月有光人有情”）是说汪伪政府遭到全国人民的反抗，以至人人唾弃这个“秦淮呜咽小朝廷”，而这个小朝廷则堕落到，“两朝宫袖僞宜昨，鹦鹉前頭怕说兵”（其中，“宫袖”引自元代刘仲尹的《鹧鸪天·其四》中的“六朝宫袖窄中宜”；“鹦鹉前头怕说兵”引自唐代朱庆余《宫词》的“鹦鹉前头不敢言”，意思说，在鹦鹉前头不敢随便说话，深恐走漏消息。）父亲借古喻今，揭露南京政府如奴才般的卖国投降派嘴脸。

该词的下半阕，第一句“陵艸萋萋樹集鸟，烟籠落日出鼪鼯（shēng wú）”，借用唐代崔颢的《黄鹤楼》中的“芳草萋萋鹦鹉洲”，写南京原是碧绿芳草为鸟儿集聚的地方，又有“烟籠落日出鼪鼯”，其中“鼪鼯”喻志趣相投的亲密朋友。“空梁落燕千君妬，春水成波怕我書”，先借用隋炀帝直至害死薛道衡时，还在念叨着，看你这小子以后还写不写得出“暗牖悬蛛网，空梁落燕泥”这样的诗句的典故，再引用明代的吴兆《早春水阁》中的诗句“昨夜秦淮春水生，朝来合岸有波声”，“怕我書”指汪伪政府很怕遭到国内爱国人士的讨伐。“愁萬古，嘆須臾，人间孤負六朝居”，怒指汪伪政府不抵抗外来侵略，辜负了六朝古都南京（其中，“愁萬古”出自唐朝李白的《将进酒》)。父亲又进一步讽刺汪伪政府的组成，“網来尽是過江鲫”，“過江鲫”（东晋王朝在江南建立后，北方士族纷纷来到江南，当时有人说“过江名士多于鲫”。）在古词中比喻追逐时潮的人很多，当时所谓时潮，就是骗人的“曲线救国”投降思潮。到头来，还是要被“一自春潮水涨初”抗日的浪潮所淹没！该词仍表明我父借古讽今，支持积极抗日的思想。

點绛唇
壬午夏，客泉州，息服务社，邻屋有人婚嫁，新娘误入吾室，止，意未通，久之，乃去。
诗赋关睢，新婚燕尔轻歡咲。洞房飘缈，误入孤僧庙。 净室虚堂，何處迎青鳥，倉皇了，沙弥年少，疑是如來到。

點绛唇

壬午夏，客泉州，息服务社，邻屋有人婚嫁。新娘误入吾室，止，意未通，久之，乃去。

诗赋关睢，新婚燕尔轻歡咲。洞房飘缈，误入孤僧庙。 净室虚堂，何處迎青鳥，倉皇了，沙弥年少，疑是如來到。

该词可能采用宋代女词人李清照的《点绛唇》的写意，描写一九四二年夏天，我父去泉州偶遇的滑稽事情的经过。词中首句还引用了《周南·关雎》的标题。《周南·关雎》是中国古代第一部诗歌总集《诗经》中的第一首诗，通常认为是一首描写男女恋爱的情歌，“关雎”使人们不禁联想到脍炙人口的著名诗句，“关关雎鸠，在河之洲。窈窕淑女，君子好逑。”我父也借用“关雎”为名赋诗一首，所以说“诗赋关雎”。他在泉州的服务社歇息时，邻屋有人新婚，本应是“新婚燕尔轻歡咲（xiào），洞房飘缈”的新娘，误入他休息的屋子，我父自喻为“孤僧”，新娘则是“误入孤僧庙”，好比在干净的堂屋之中，何时飞来信使青鸟，“净室虚堂，何處迎青鳥，倉皇了”，登时我父处于尴尬的境地，自己好似进入“沙弥年少，疑是如来到”的幻境之中。最后，新娘意未通而离去。此事不禁让人啼笑皆非，词中令人感悟读书人的心静之道。

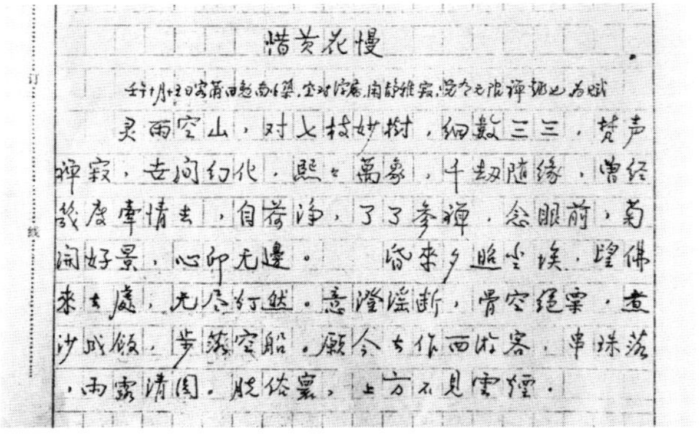
惜黄花慢

壬午十月十五日客莆田勉南小筑，空对浮屠，闲静雅寂，觉有无限禅趣也，为赋

灵雨空山，对七枝妙树，细数三三，梵声禅寂，世间幻化，熙熙萬象，千劫随缘，曾经幾度牽情去，自簷净，了了参禅，念眼前，菊涧好景，心印无邊。 俗来夕照尘埃，望佛来去處，无尽灯然，意澄瀅断，骨空绝尘，煮沙成飯，步落空船，歷今古作西游客，串珠落，雨露清圆，脱俗寰，上方不見雲煙。

惜黄花慢

壬午十月十五日客莆田勉南小筑，空对浮屠，闲静雅寂，觉有无限禅趣也，为赋

灵雨空山，对七枝妙樹，细數三三，梵声禅寂，世间幻化，熙熙萬象，千劫随缘，曾经幾度牽情去，

自荷净，了了参禅，念眼前，菊開好景，心印无邊。昏來夕照尘埃，望佛來去處，无尽灯然。意澄谣断，骨空绝粟，煮沙成飯，步落空船。願今去作西游客，串珠落，雨露清園。脱俗寰，上方不見雲煙。

“惜黄花慢”系唐宋所用词牌，此调有仄韵、平韵两体，整个双调共用一百零八个字。我父采用双调，但是在句数上有所突破，字数还是一百零八个字。一九四二年十月十五日，我父去莆田勉南小筑，面对“浮屠”（佛塔），备感闲静雅寂，觉有无限禅趣，特赋词一首。

词以“灵雨空山”作开头句词，可能受到中国近代文学史上散文作家许地山的散文集《空山灵雨》之名的启发，为了韵律，而颠倒词序。“七枝妙樹”可能源于《封神演义》中的七宝妙树，其主人准提道人是西方教二教主之一，曾多次来到东土度化有缘人。他比接引道人更开明，也多次帮助阐教解危难。我父为了押韵，改为“七枝妙樹”。第三、四句则为默念，“细數三三”的诵经声，即“梵声”，使人心境凝定清寂，故称“禅寂”也。接着是“熙熙萬象，千劫随缘”，可谓也是佛语，世间万物皆是幻象，一切随缘生而生，随缘灭而灭。若是有缘，时间、空间都不是距离；若是无缘，终是相聚也无法会意。“曾经幾度牽情去，自荷净，了了参禅”，是描述学佛人修行办道的正行正道。古名家写菊无数，我父是十月十五日作词，应该是写秋菊，“念眼前，菊開好景”是说，我父见菊花那么多片花瓣紧紧地抱在一起，共同抵御秋天的寒冷，给人一种团结的感觉，心中得了无限感悟（“心印无边”）。上半阕，作者忧心抗战仍处于战略相持阶段的形势（一九四二年是壬午年），空对佛塔（浮屠），参悟禅寂后赫然开朗许多。

下半阕，开头的三句词也基本是引用佛语。“昏來夕照尘埃，望佛來去處，无尽灯然”是说，在黄昏夕阳来临处，所望见的尘埃，如心中有佛，犹如一灯燃百千灯，冥者皆明，於其道意，亦不灭尽。“意澄谣断骨空绝粟，煮沙成飯，步落空船”，可解释为使人们思绪清晰，诸如通过绝食以疏通骨骼间之脉络、煮沙子成饭以及在不存在的船上落脚等谣言就自行断绝了。下半阕的最后写道，“願今去作西游客，串珠落，雨露清園”，于是就能摆脱庸俗之气（“脱俗寰”），不见烦心的事情（“上方不見雲煙”），可能反映了作者心中有佛获得了无限禅趣的境地。

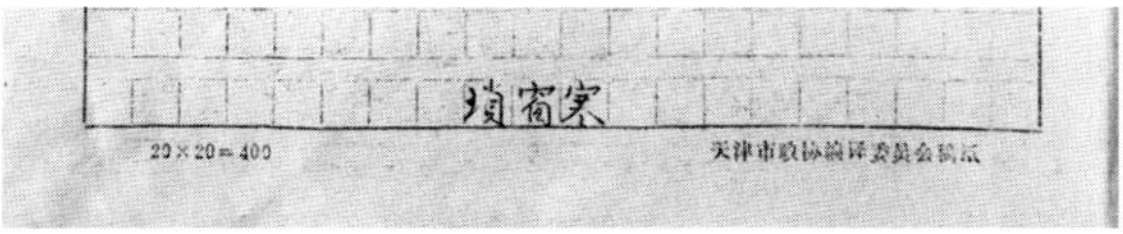

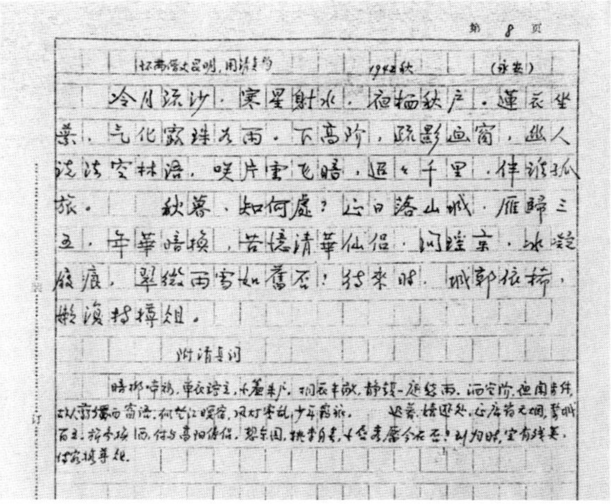

瑣窗寒

怀雨僧丈昆明，用清真韵　1942 秋 （永安）

冷月流沙，寒星射水，夜栖秋户。蓮花坐葉，气化露珠为雨。下高阶，疏影画窗，幽人说法空林语，咲片雲飞暗，迢迢千里，伴谁孤旅。　　秋暮，知何處？正日落山城，雁歸三五，年華暗换，苦憶清華仙侣，问瑶京，冰凝履痕，翠微雨雪如舊否！待來时，城廓依稀，嫩涹持樽俎。

附清真词

暗柳啼鸦，单衣伫立，小簾朱户。桐花半畝，静锁一庭愁雨。洒空阶，夜阑未休，故人翦烛西窗语。似楚江瞑宿，风灯零乱，少年羁旅。　　迟暮，嬉游处，正店舍无烟，禁城百五，旂亭换酒，付与高阳俦侣。想东园，桃李自春，小唇看靨今在否？到归时，定有残英，待客携尊俎。

周邦彦号清真居士，是宋词的集大成者，因此他的词作被称为“清真词”。我父以周邦彦所创的词牌《琐窗寒》为体，并且附上以《琐窗寒》为题的一首“清真词”（该词的上篇为忆旧，下篇为伤今，题旨是怀念旧情人），而我父所写这首词，是怀念远在西南昆明的老师及好友吴宓先生（大家对他的尊称为雨僧丈）。这首词已收录在《吴宓诗集》中（见商务印书馆二〇〇四年第一版，二〇一七年第二次印刷，三百七十四页）。

该词前半阕的首句，古人多用“冷月寒星”，我父有些新意，写成“冷月流沙”，将天地混为一体，把自然悲凉的情景和人思念的的心情叠加在一起了，“寒星射水”以同样的手法，表达对远在昆明可能“夜栖秋户”的吴宓先生的思念（可能因为吴宓先生刚刚小病痊愈），这对仗于清真词中的“暗柳啼鸦，单衣伫立，小簾朱户”。该词意思是说，柳荫深处传出乌鸦的啼鸣，“我”掀起小帘，站在朱门之内，身穿单衫凝神伫立。我父接着写，即使如此困境，亦难掩吴宓先生的学问和才华，他讲学时呈现“蓮花坐葉，气化露珠如雨”之气势，此二句对仗于清真词的“桐花半畝，静锁一庭愁雨”。周邦彦是在写自己住处与心境：约半亩的庭院里桐花静静地笼罩着庭院，阴雨阵阵更使人愁思万端。我父的“下高阶”，指吴宓先生离开喧闹的市井，来到撤退到我国大后方昆明的清华和北大，讲学时有“疏影画窗”，如同“幽人说法空林语”般。“下高阶，疏影画窗”对仗于清真词的“洒空阶，夜阑未休”，后两句是在写景，阴雨彻夜未停，洒落在空无人的台阶上。我父转而描写“咲片雲飞暗”，形容吴宓先生讲学，欢笑声致使天空漂浮的云朵也失去了光彩，接着词锋陡转，“迢迢千里，伴谁孤旅”，深切表达作者对吴宓先生的思念之情。清真词结束上半阕的四句词，“故人翦烛西窗语。似楚江暝宿，风灯零乱，少年羁旅”，意思是何时与故友相逢在西窗下剪烛细语，今夜的孤零似曾夜宿楚江之畔，那时风吹灯光散乱，客居异乡的少年人如此孤独。从中可以看出，我父用周邦彦的《琐窗寒》词牌，吸收了清真词韵的精华，为其赋词一首怀念远在大西南的吴宓先生，提供了很好的基础。

下半阕以问句的形式开头，“秋暮，知何處？”的意思是深秋的傍晚，心思不知在何处。然后作者自问自答，“正日落山城，雁歸三五”是说作者此时心思早已飞到远在边陲的昆明山城，而且联想到一九三五年，与吴宓先生初次见面地处北平城的燕山。清真词“迟暮，嬉游处，正店舍无烟，禁城百五，”意思是说，年老垂暮之年，在游乐嬉戏之处，旅舍酒店烟火不举，正巧是全城禁火过寒食节。父亲词中的“年華暗换”，引自宋代卢祖皋的《宴清都·初春》，有多重寓意，根据本词之意，应该指人事沧桑，合本词的主题怀雨僧丈，即追忆吴宓先生在北京的情景。清真词则描述酒肆中呼酒放纵，“旂亭换酒，付与高阳俦侣”。我父继续写道，“苦憶清華仙侶，问瑶京，冰凝履痕，翠微雨雪如舊否？”表达自己苦苦追忆尊贵的前辈，不知道在繁华的京都，冰水结痕的足迹，雨雪中青翠的山是否依然如故？表达我父对吴宓先生思念入微的情怀。清真词“想东园，桃李自春，小唇看靥今在否？”意思是说，回想起故乡园中的桃李，必是迎春怒放，那如同美人嘴唇酒窝般的花朵，不知今天是否还挂在树枝？我父的词锋，再次陡转到对未来吴宓先生的期待，“待来时，城廓依稀，嫩溲持樽俎（zūn zǔ）”（《吴宓诗集》为“懒复持樽俎”，可能还是“嫩”字准确）。说不定在那个城廓，再与吴宓先生会面时，以杯酒略表敬意。清真词的结尾意思类同，“到归时，定有残英，待客携尊俎”。

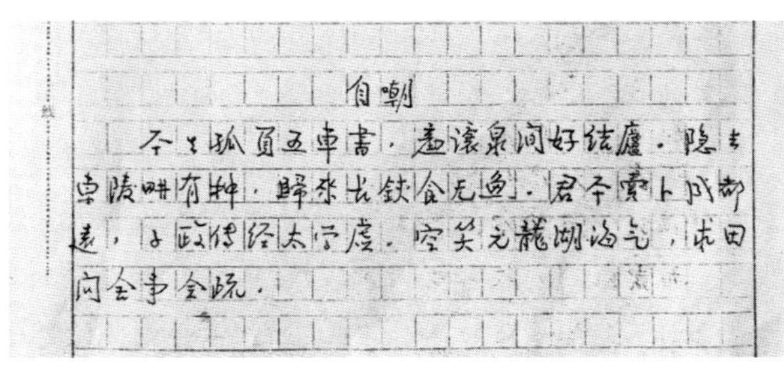

自嘲

不才孤負五車書．遠讓泉間好結廬．隐去東陵畊有[illegible]．归來长铗食无鱼．君平賣卜成都遠，子政傳经太学虚．空笑元龍湖海气，求田问舍事全疏．

自　嘲

平生孤負五車書，廉讓泉间好结廬。隐去東陵畊有种，歸來长鋏食无鱼。君平賣卜成都遠，子政传经太学虚。空笑元龍湖海气，求田问舍事全疏。

《自嘲》是现代文学家鲁迅于一九三二年所作的一首七言律诗。据《鲁迅日记》记载，一九三二年十月十二日，郁达夫会同王映霞于聚丰园宴请鲁迅先生，鲁迅先生结合七日前的谈话有感而作。该诗中有著名诗句“横眉冷对千夫指，俯首甘为孺子牛”。全诗内在逻辑性强，文字风趣，内容庄肃，有力地揭露和抨击了国民党的血腥统治，鲜明地展示了鲁迅先生的硬骨头和坚毅的战斗精神，永为后人崇尚。

我父效法鲁迅先生的写法也成诗《自嘲》一首。“平生孤負五車書”，意思是自己辜负了自古到今有那么多好书教诲，“廉讓泉间好结廬”（引自陶渊明《饮酒·其五》中的“结庐在人境，而无车马喧”），我廉某人闲居在泉水涌出的人世间。“隐去東陵畊（gēng）有种”引用宋代张炎的《木兰花慢（用前韵呈王信父）》中的“归去隐东陵”诗句，“隐去東陵畊有种，归来长鋏（jiá）食无鱼”，应该是自喻为弃官归隐的田园之人，如果归来也是没有什么出息的。“君平賣卜成都遠，子政传经太学虚”，引用历史两个典故：一是引自《汉书》卷七十二，详细讲述了三清观（公元八十四年后改为严仙观）道士严君平，在成都卖卜和降妖的故事，赞美了他的善良和为民除害的大无畏精神；二是引自《汉书》卷三十六，子政为西汉学者刘向之字，传说他校书天禄阁时有仙人太乙老向他传授典籍。我父诗中检讨，认为严君平在成都卖卜和降妖的事情离我太远，而自己又觉得“子政传经太学”空幻。词的最后一句，“空笑元龍湖海气，求田问舍事全疏”，引用宋代方回的《不寐十首》中的诗句“元龙湖海气”，自愧只会笑话别人湖海气，而自己买房子买地的本领全荒疏了。我父引经据典，用了最简洁的四句诗，表达了不满意自己现状的自嘲。我父该词取名，不仅表达了对鲁迅先生的无比崇敬，也蕴含着一种自我激励的精神。

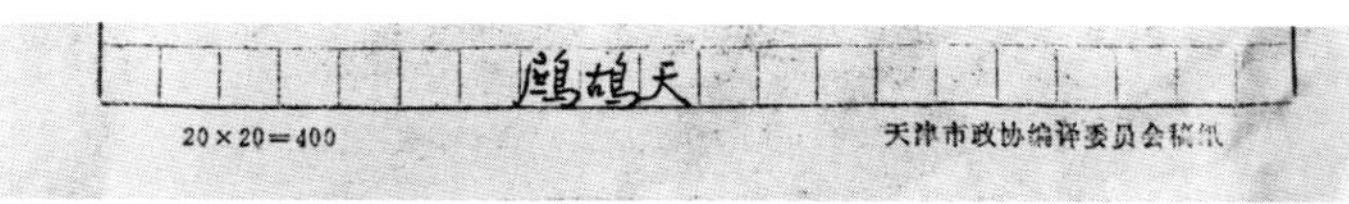
鷓鴣天
20×20=400　　天津市政协编译委员会稿纸

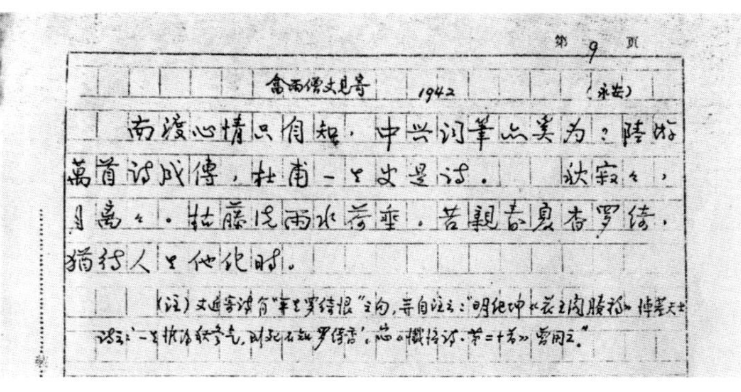
第 9 页
會雨僧丈見寄　1942　（永安）
南渡心情只自知，中兴词筆亦奚为？陸游萬首詩成傳，杜甫一生史是詩。

鷓鴣天

會雨僧丈见寄　1942（永安）

南渡心情只自知，中兴词筆亦奚为？陸游萬首诗成傳，杜甫一生史是诗。　　秋寂寂，月离离。枯藤洗雨水荷垂，若親春夏香罗绮，猶待人生他化时。

（注）丈近寄诗有“平生罗绮恨”之句，并自注云：“明纪坤《花王阁剩稿》悼董天士诗云：‘一生惟得秋冬气，到死不知罗绮香’。宓《懺悔诗·第二十首》曾用之。”

一九四二年，我父在永安写该首和词，回复吴宓先生寄来的诗，副标题谦逊为“會雨僧丈见寄”。其背景是指一九三七年，卢沟桥事变爆发前，清华大学就已在长沙建立分校，并将图书和教学设备有计划地分批转移。事变后，教育部决定成立长沙临时大学，由北大、清华、南开组成，于一九三七年十一月一日正式开课。清华教授们接到通知后，十月上旬，就开始有陆续南渡的。吴宓先生行事仿佛比别人慢半拍，他不忍离开故都，经过反复考虑，并和朋友探讨，终于踏上飘摇的南渡行旅。

词的上半阕，开头写，“南渡心情只自知”，”吴宓南渡心情如何，只有他自己清楚。“中兴词筆亦奚为？”里的“中兴词筆”表明我父注意到，我国历史上词起源于唐、兴起于宋，在元朝明显衰退，后又在清朝实现了“中兴词筆”的二次振兴的历程。该句以疑问的形式，凝重地提出，伴随着国家衰与兴的词写得再多，当今有何用？可能表达我父对日寇占领我国北方，使国内著名大学及教授们大举南迁的愤懣！不过话又说回来，志士文人还是应像吴宓先生那样，向“陸游萬诗成傳”“杜甫一生诗为史”看齐而不悔。从词的上半阕可见作者的心情起伏跌宕。

词的下半阕，“秋寂寂，月离离”，描写吴宓先生及教授们南迁时的情与景。“枯藤洗雨水荷垂，若親春夏香罗绮，猶待人生他化时”中，“枯藤”，引自元代马致远《天净沙·秋思》的“枯藤老树昏鸦，小桥流水人家”；“若亲”引自宋代刘克庄《冬夜读几案间杂书得六言二十首》中的“人言美恶必复，孰若亲冤两忘”。这三句词，寓意深刻，不串连起来理解是很难的！这三句的意思是说，就好比人们在冬季，想着春夏的香罗绮，犹在人世间相聚与散的轮回之中。以此安慰吴宓先生南渡的悲凉心情，也可能暗示抗战会有胜利的一天到来。这首词已收录在《吴宓诗集》中（见商务印书馆二〇〇四年第一版，书中引我父的词“花寂寂，月离离”，与本书的“秋寂寂，月离离”有一字之差，看父亲手迹影印件，再考虑吴宓先生南渡正值秋天，可能“秋”比“花”更贴切些）。

我父在词后的小注中特别提到，“雨僧丈（吴宓先生）寄诗有‘平生罗绮恨’之句，并自注云：‘明纪坤《花王阁剩稿》悼董天士诗云：一生惟得秋冬气，到死不知罗绮香。宓《忏悔诗·第二十首》曾用之。’”据纪昀《阅微草堂笔记·滦阳消夏录》记载，董天士是明朝末期诸生（诸生：明代称考取秀才入学的生员为诸生），其高祖的老朋友，但不知道他的名字（古代称通晓天文阴阳术数的人为“天士”）。有哭董天士的诗四首，其中第三首的两句“一生惟得秋冬气，到死不知罗绮香。”意思是说，董天士一生只吸取了天地四季之精华，到死也未娶。至于吴宓先生在寄诗中，为什么特别写道“平生罗绮恨”，到底恨什么（“罗绮”可有三种解释，一指丝绸，二指女人，三可解释为繁华），只有吴宓先生的弟子、亲人（如父亲）明白其含义，我父在和词中用“若亲春夏香罗绮”来对仗，用意是安抚吴宓先生。

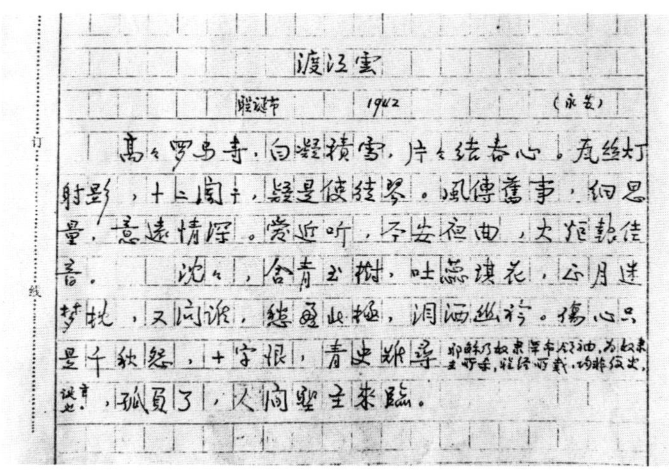

渡江雲

聖诞节　1942（永安）

高高罗马寺，白凝绩雪，片片结春心。瓦丝灯射影，十二阑干，疑是使徒琴。風傳舊事，细思量，意遠情深。爱近听，平安夜曲，火炬報佳音。　沈沈，含青玉樹，吐蕊琪花，正月迷梦枕，又问谁，愁盈北極，泪洒幽衿。傷心只是千秋怨，十字恨，青史難尋（耶稣乃奴隶革命领袖，为奴隶主所杀，聖经所载，均非信史，诞言也。），孤負了，人间聖主來臨。

我父采用《渡江云》的变体的格调，双调一百字，主题是写圣诞节，但寓意深刻！该词第一段落“高高罗马寺，白凝積雪，片片结春心”（据记载，唐朝长安兴建一所庙寺，初称“波斯寺”，后唐玄宗为其更名为“罗马寺”；“片片结春心”，引自明朝唐寅《海棠美人图》的“褪尽东风满面妆，可怜蝶粉与蜂狂。自今意思和谁说，一片春心付海棠。”）既写景亦抒情。第二段落写氛围，在教堂大礼拜堂瓦斯灯映射下，耶稣赋予传教使命的十二个门徒（“十二阑干”）恐怕此时已奏起管风琴增加其庄肃性，即“疑是使徒琴”。第三段落，抒发作者写词时的情怀，“風傳旧事”，可有无尽的联想，但面对教堂，只有神父秉持基督的传教，“细思量，意遠情深”（其中，引自宋代钱时《夜索熟水甘甚》中的“咽正滑时即挥去，人间此意细思量。”）第四段落结束词的上半阕，收尾之意是，亲耳聆听传教与入人心灵的圣诞夜曲（“爱近听，平安夜曲”），从而人世间“火炬報佳音”。

下半阕，可能写作者在圣诞节后，面对现实社会的思绪。“沈沈”可谓作者联想的前置词，“含青玉樹”（或引自唐李白《怀仙歌》中的“仙人浩歌望我来，应攀玉树长相待。”还有很多，不一一列举）的意思仙树，我父喻指有品位、有气节的人。“吐蕊琪花”（引自元代杨维桢《梦游沧海歌》中的“风光长如二三月，琪花玉树不识人间秋。”）的意思是人的一生应始终散发出莹洁如玉的花蕾般的气息。但是，词锋陡转，“正月迷梦枕，又谁知，愁盈北極，泪洒幽衿”（其中，“盈北極”引自《楚辞·大招》中的“天白颢颢，寒凝凝只。魂乎无往，盈北极只。”）即正月做梦，愁容至极，泪沾衣裳。“傷心只是千秋怨”意思是人们的伤心是多年积累下来的怨恨。

“十字恨”，是指正因为十字架钉死了耶稣，才使得他三天之后复活，也就是说，肉身死掉了，而在肉身死掉的过程中，耶稣所代表的精神复活了。因此，可以说，十字架是凤凰涅槃的象征。“青史難尋”，仅形容功业巨大的“耶稣”，其精神永垂不朽的“基督”。最后，作者在词尾点出本词的主题，“孤負了，人间聖主來臨”（引自元代关汉卿《丈石调·青杏子·离情》中的“坐想行思，伤怀感旧，各辜负了星前月下深深咒。”），意思是对不住了，人间还需要真正解救人类的圣主——革命思想的来临。

从我父将此词作为他一生最重要的代表作之一，屡次转抄，直至一九八二年送与天津政协的老朋友（见本书大幅词贴和装裱词手真迹框里第一首词），可见用心良苦。

浣溪沙

20×20=400　　天津市政协编译委员会稿纸

第 10 页

韵律微疏笔意出·大江东去溯苏郎·春风诚与赋千行。　只爱春江花月夜·不憎烟雨水云乡·英雄才调女儿腔。

浣溪沙

伯厂近寄诗有“亦爱春江花月夜，生憎煙雨水云乡”之句，以其不似诗也，词以戏之。

韵律微疏筆意长，大江東去识苏郎，春風试马賦千行。　　亦爱春江花月夜，生憎煙雨水雲鄉，英雄才调女兒腔。

我父采用《浣溪沙》整体四十二字格调，其副题引朋友所寄诗中的两句作为回复，很诙谐又温馨。词首委婉地指出伯厂“韵律微疏”，“只爱春江花月夜”中的“夜”与“生憎煙雨水云乡”中的“乡”的平仄韵律异样，而理应相同，即使如此，所寄来的诗“筆意长”（引自宋代毛直方《独骏图》中的“我观此图笔意长，欲言尚寄田子方”），以笔会友情意长。“大江東去识苏郎”，表明我父抒发与伯厂多年为友的深情厚意，虽大江东去，时间流逝，但仍以兄弟之称，是为“郎”。“春風试马賦千行”，作者借古代军人春风得意训军马，来鼓励文人志士赋诗词行千里。接着，词的末段是，“亦爱春江花月夜，生憎煙雨水雲鄉”（引自唐代张若虚的《春江花月夜》，以及宋代牟巘（yǎn）五的《何本斋止酒》中的“生僧市酒赤如霞，难效当年老阿嘉。”）我父配上“英雄才调女兒腔”（引自清李调元《雨村剧话》：“女儿腔亦名弦索腔，俗名‘河南调’，音似弋腔，而尾声不用人和，以弦索和之，其声悠然以长。”）意思是说，英雄才气，再配上赋词音调悠然以长，这样本词韵律就自圆其说了，既体现好友之间切磋的成分，也很简洁地结束本词。通篇充满两个朋友之间“戏说”诗词之情谊。

蝶戀花（永安）

落日餘暉红葉裡，點點秋心，不解想思意，望断天涯成尺咫，寒煙籠住離人泪。　　雁影长留人世外，谁寄鸞牋，又落平沙底。卷起秋潮人未睡，月華如洗風如水。

我父采用南唐冯延巳《蝶恋花·六曲阑干偎碧树》的词牌，双调六十字，平仄有异。

词首交代了我父是写于秋季。词的上半阕，“落日餘暉红葉裡，點點秋心，”使人们不禁想起唐朝王勃的《滕王阁序》中的著名诗句：“落霞与孤鹜齐飞，秋水共长天一色。渔舟唱晚，响穷彭蠡之滨；雁阵惊寒，声断衡阳之浦。”这几句是描写秋天天水一色，落日余晖，晚霞灿烂的美景。“不解想思意，望断天涯成尺咫，寒煙籠住離人泪”，表明我父触秋景生情。其中，“望断天涯成尺咫”最催人泪下，引自元代邵亨贞的《减字木兰花・吴江夜泊》，比喻距离虽近，但很难相见，像远在天边一样。可能首先是，引发父亲对母亲的思念（我的理解），因为，我对比了父、母亲的简历，母亲于一九四三年八月，暂时离开了父亲工作的福建永安，被调往广西省修仁田赋管理处工作。

词的下半阕，“雁影长留人世外”，引自宋代艾性夫的《客归》中的“秋老蝉声短，江空雁影长。”我父的意思是说，大雁影子虽长，但不足让人留念。“谁寄蠻牋，又落平沙底”（引自宋代杨冠卿的《秋夜吟》中的“蛮笺谁遣寄相思，鏁窗笑剪并刀冷”），相比之下，思念的远方之人有信来，但，遗憾落入沙地中被埋没，体现作者盼信心切之情。词尾的两句又联系到抗战之国事，“卷起秋潮人未睡”引自清代龚自珍的《己亥杂诗一五七》中的“问我清游何日最，木樨风外等秋潮。”龚自珍曾任内阁中书，主张革除弊政，抵制外国侵略，曾全力支持林则徐禁鸦片。我父借古喻今，暗指抗日的形势很难让人安稳入睡，又再次引用在前面《水龍吟》词中所引用的，主张力图抗御外侮、恢复国家统一的辛弃疾所作的《满江红》中的名句“月華如洗”，加入“風如水”的句子，更增加对抗日浪潮高涨之情的期许。从该词可见，我父由家事联想到国之大事忧国忧民的情怀。

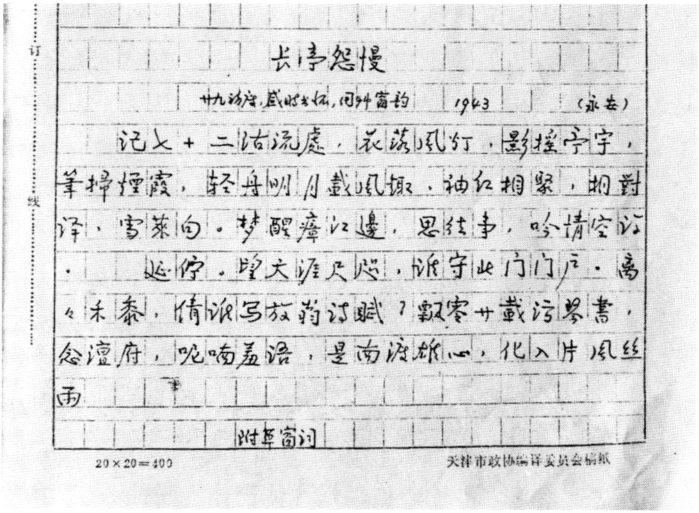

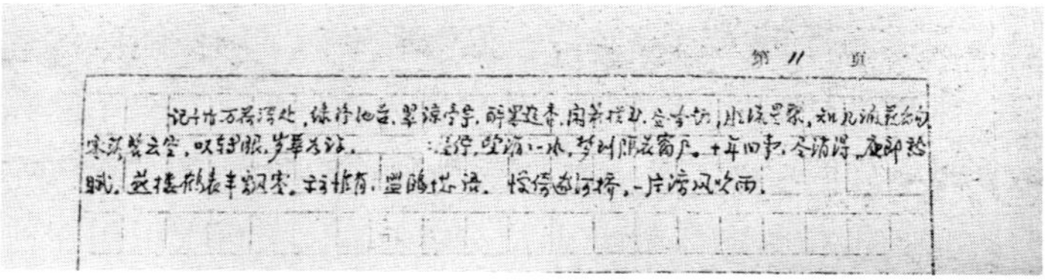

长亭怨慢

廿九初度，感时书怀，用艸窗韵　1943（永安）

记七十二沽流處，花落風灯，影摇亭宇，筆掃煙霞，轻舟明月載風趣，袖红相聚，相對译，雪莱句。梦醒瘴江邊，思往事，吟情空诗。　　延佇。望天涯尺咫，谁守北门门户。离离禾黍，倩谁写放翁诗赋？飘零廿載污琴書，念澶府，呢喃羞语，是南渡雄心，化入片風丝雨。

附草窗词

记千竹，万荷深处，绿净池台，翠凉亭宇，醉墨题香，闲箫横玉尽吟趣，胜流星聚，知己诵，燕台句。零落碧云空，叹转眼、岁華如许。　　凝伫。望潇潇一水，梦到隔花窗户。十年旧事，尽消得，庾郎愁赋。燕楼鹤表半飘零。祘惟有，盟鸥堪语。慢倚遍河桥，一片凉风吹雨。

我父取宋代词人的《长亭怨慢》词牌，用所附宋代周密的草窗词韵。周密，字公谨，号草窗，其著名的词之一《长亭怨慢·记千竹》文笔俊逸，清新流畅，但感慨万千，为这首词拓展了意境。这是周密二十五岁创作的词，我父作《长亭怨慢》时与其年龄相仿，二十九岁。初度大年廿九时，我父有感书怀，写下此词。

前半阕，词首写道“记七十二沽流處”，是父亲回忆自己的出生地天津，天津别名“津沽”“沽上”，相传有七十二沽，其中大沽口位于天津海河入海口以南处。二十世纪三十年代初，天津租借地风吹花灯到处飘，人影攒动歌舞厅（“花落風灯，影摇亭宇”，引自宋代翁元龙的《江城子》中的“吹落灯花，移在杏梢红”，还引自唐韦应物《西亭》中的“亭宇丽朝景，帘牖散暄风。”）那时我父只有不到三十岁，却“筆掃煙霞”，挥毫泼墨一扫靡靡之境，“轻舟明月載風趣，袖红相聚，相對译，雪萊句。”表明人们男女相对，在轻舟明月之美景下，而享受相互译雪莱经典英文诗歌《致云雀》的风情雪莱的诗是积极、进取和战斗的，也是愤世、孤独和苦闷的，有时也带有消极情绪，趣味无穷。周密的

《长亭怨慢》上半阕写道“记千竹，万荷深处，绿净池台，翠凉亭宇，醉墨题香，闲箫横玉尽吟趣，胜流星聚，知己诵，燕台句。零落碧云空，叹转眼、岁華如许。”意思是说，似记得竹子与荷花深处的情景，绿池净，翠树掩映下亭宇清凉，父亲与友人饮酒赋诗笔墨香，时有吹箫吟唱，胜似群星聚集，听知己吟诵李商隐的艳诗《燕台诗》。天空中散落了片片云，岁月不饶人时光飞逝就在转眼间呐，表达了其父去世多年后，到父亲为官的故地重游，感慨万分。我父在词上半阕结尾，表明回忆天津往事，坚决面对今朝，学习古人不在乎（“梦醒”）被贬官至“瘴江邊”（潮州），“思往事，吟情空诗”是说思考过往之事，应当把一切如吟尽空诗般看得很淡。我父写该词，并没有受到周密赋词时情绪的影响，表现出另一番积极向上的心境。

下半阕首句，“延伫”意为久立与久留，表达盼望之切。“望天涯尺咫，谁守北门门户”是说故乡虽然远在千里之外，但像是近在眼前，选谁守这国土北方的门户？“离离禾黍，倩谁写放翁诗赋？”借描写稻谷茂盛之乡，喻示祖国的大好河山，可千万别让类似宋朝严州太守方回那样的人去守城池啊！他一面写着“放翁诗”声称要死守城门，元兵来了却又举城投降。“飘零廿載污琴書”，我父用此句自嘲从北方到东南地区，在诸省飘零二十余年，污损了身边的琴和书应以僧人虔诚对待施主住宅的心情，“念澶府”，“呢喃羞语”，小声念叨，“是南渡雄心，化入片風丝雨。”引用明代夏完淳《采桑子·片风丝雨笼烟絮》的词句，表达作者当时，期望大风暴的到来，期盼抗战胜利之时，而实现自己的南渡雄心。周密词的下半阕，“凝伫。望潇潇一水，梦到隔花窗户。十年旧事，尽消得，庾郎愁赋。燕楼鹤表半飘零。祢惟有，盟鸥堪语。慢倚遍河桥，一片凉风吹雨。”意思是说，凝望眼前流逝的河水，梦到隔着花朵的窗户。十年旧事，尽情地享受其乐，以及庾信愁赋的语句。燕子楼下时光飞逝，而我如梅花般被吹得飘零片片没着落。看来，我只能同海鸥说说话了。此时独自靠在河桥上，面临凉风吹雨飘过。通过我父的词与草窗词的比较，可见两人的时代不同，语境更是不可同日而语，因为，我父感到光明就在前头。

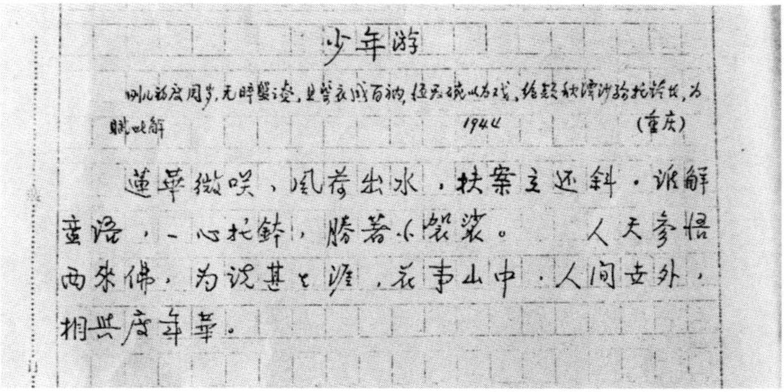

少年游

刚儿初度周岁，无晬盤之赍，且渠衣成百衲，恒取碗以为戏，绝類秋潭沙弥托钵长，为赋此解　1944 （重庆）

蓮華微咲，風荷出水，扶案立还斜。谁解蛮语，一心托鉢，勝著小袈裟。　　人天参悟西來佛，为说甚生涯，花事山中，人间世外，相與度年華。

一九四三年初，我父被调往国民党政府全国慰劳总会任秘书。本书中我父、母亲陈叔玉、兄长廉刚和我一九四六上半年在重庆的合照，是二十世纪八十年代于天津河西区照相馆重拍的照片。合照中我兄长才两岁多，而我未满周岁。

《少年游》，有多种格调，我父以苏轼《少年游·去年相送》为体，上半阕二十六个字，下半阕二十五个字。一九四四年十月末，我父于重庆写下该词（我还没出生）。父亲的小注表明，此词是为了庆祝我兄长满周岁，且借《易经》和佛语以示庆贺。“无晬（zuì）盤之贲（bì）”，“无晬”意思是，无恙满周岁；“磐之贲”，是指易经易经六十四卦象中的第二十二卦为“贲卦”（六五），象辞的意思是，六五卦爻〔爻指八卦的画线〕的吉祥，是有喜庆的事情，还可追加解释“之贲”，为之“奔”。“且渠衣成百衲”引自唐李端《秋日忆暕上人》中的“雨前缝百衲，叶下闭重关”。百衲衣被看作是婴孩的文褓，寓意着集百家之力、吸百家之福，是对满周岁婴儿的美好祝福。人们是以“恒取碗以为戏”而乞讨，还是“绝類秋潭沙弥托钵长”？为父作词一首为解。

词的上半阕，开头为“蓮華微咲，风荷出水，扶案立还斜。”其中“蓮華微咲”，可能出自佛教语“再拈莲花，微笑无语”，一是对禅理有了透彻的理解，二是彼此默契、心神领会、心意相通、心心相印。“风荷出水”，引自宋代周邦彦《苏幕遮·燎沉香》中的“燎沉香，消溽暑，鸟雀呼晴，侵晓窥檐语。叶上初阳干宿雨。水面清圆，一一风荷举。”形容荷花荷叶亭亭玉立出水之景。“扶案立还斜”表达人们想用手支撑使人、物不倒或使立起来，但往往达不到目的。整句串联起来意思是说，人们在相处之中，彼此默契与心意相通，就如同荷花荷叶亭亭玉立自然出于水中那样，并不是硬要达到什么目的而作，却事与愿违。“谁解蛮语，一心托钵，勝著小袈裟。”其中，“谁解蛮语”，引自宋代晁说之的《寒江》中的“吾孙解蛮语，政可一戏剧。”字面意思很好理解；“一心托钵”，喻意指僧人一心去和大众结缘，给众生种福田；关于“勝著小袈裟”，佛典记载了袈裟的功德，释迦摩尼佛成就大菩萨时，在宝藏佛前发愿，自己成佛时袈裟成就五种功德。整句连起来，表明我父比喻这三件事中，能善解蛮语也好，身披小袈裟也罢，也不如“一心托钵”为大众办成福事。

词的下半阕，一气呵成：“人天参悟西來佛，为说甚生涯，花事山中，人间世外，相與度年華。”首句指众生参悟如来真经。“为说甚生涯”引自宋代吴潜之词《望江南（家山好，无事挂心怀）》中的“祗此是生涯”。我父词中是指人们参悟如来，为什么要说呢？“花事山中，人间世外，相與度年华”中，“花事山中”引自清代王国维的词句“昨朝却走西山道，花事山中浑未了”，指山上的花还开着。“人间世外”，可指世外桃源。“相與度年华”的字面意思也很清楚。整个下半阕，表明我父对待人生的一种哲理：人们参悟如来佛经并不一定需要财产，不如到花还开着的山中或世外桃源，在相互交往中，一起走过最美的时光。词的上下半阕合起来，自然达到了该词小注中的“为赋此解”的目的。

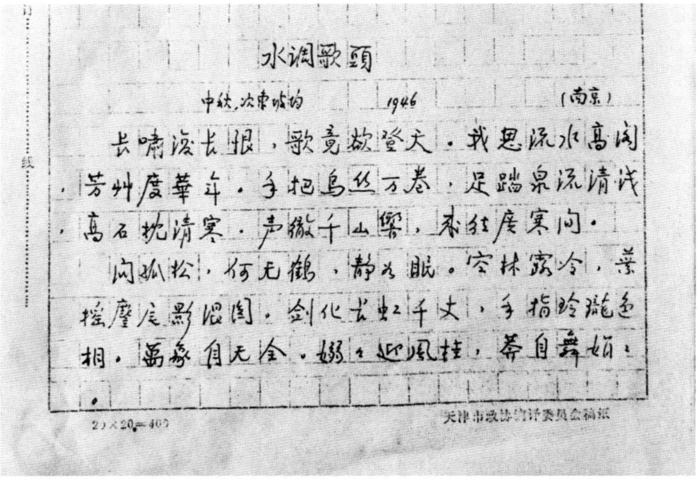

水调歌頭

中秋，次東坡韵　1946（南京）

长啸複长恨，歌竟欲登天。我思流水髙阁，芳艸度華年。手把乌丝万卷，足踏泉流清浅，髙石枕清寒。声徹千山響，來往廣寒间。

问孤松，何无鹤，静如眠。空林露冷，葉摇麈尾影混圆。剑化长虹千丈，手指玲瓏色相。萬象自无全。嫋嫋迎風柱，莽自舞娟娟。

我父该词采用水调歌头为词牌，该词牌以苏东坡《水调歌头·明月几时有》为代表，我父的《水调歌頭》写于一九四六年，南京，且以中秋和次东坡韵做小注，次东坡韵是用苏东坡《赤壁怀古》词韵而作。

词的上半阕开头，“长啸複长恨，歌竟欲登天”引自辛弃疾《水调歌头·长恨复长恨》，父亲词中的长恨，则是指白居易的《长恨歌》，以发泄对当权者的愤恨为主题。后面一句分别引自东晋陶渊明的诗句“歌竟长太息，持此感人多”，以及明朝李梦阳的《东园翁歌》诗句“骅骝举足狭万里，便欲登天揽日月”。我父巧妙地将两词组耦合在一起，“歌竟欲登天”与“长啸複长恨”连成完整句子，更暗暗增加对当朝的愤恨之情。“我思流水高阁”引自宋代米芾（fú）《戏成呈司谏台座》中的“我思岳麓抱黄阁，飞泉元在天半落”，以及明代何巩道《过西园赠张公子》中的“曲房路转闻流水，高阁窗开对乱村”。此时，何巩道为明末清初人，曾任明朝荫锦衣卫指挥史，目睹明室覆亡，时怀复国亡思，入清不仕。这首词借中秋时节，表明自己不得已而为之的心迹，由此可能暗喻我父，已为并不欣赏的国民党政府的党政群部门干过近十年的复杂心情。“芳艸度華年”表明对当局让人才虚度年华而感到可惜。一九四六年，正是因为杨宪益先生之约，父亲离开重庆赴南京国立编译馆任副编审，从事我国西域通史的资料翻译。“手把乌丝万卷，足踏泉流清浅，高石枕清寒。”首先引自宋代周紫芝诗中的“手擎乌丝栏，棐几自卷舒”。其次，引自唐代太上隐者的《答人》中的“偶来松树下，高枕石头眠。山中无历日，寒尽不知年。”意思是说我偶尔会来到松树下，头枕石头睡觉。深山中没有日历，所以到了寒气消失的时候，我都不知道是哪年哪月。我父将其串起来表明，自己这些年也用过无数纸笺，写过不少东西，足迹遍布长江流域诸省，时间在自己身旁悄悄溜走，却如同头枕石头睡觉，过着清贫的生活。“声徹千山響，來往廣寒间。”引自南宋杭州灵隐寺住持慧远禅师的词句“无人赏，自家拍掌，唱彻千山响。”此著名禅语，被后人称颂为：“那时，瞎堂当时人杰，天下激赏，然而即使无人赏。‘仍自家拍掌，唱彻千山响’，道出大雄愿力，‘我不入地狱谁入地狱’之大乘菩萨慈悲心肠（引自王仲尧的《飞来峰上望，唱彻千山响》)。表明我父愿以这种精神不断鼓励自己前行，从而结束该词的气势磅礴的上半阕。

词的下半阕，词锋陡转，可谓对我父自己静态心境的描述，有的是从细微之处见环宇之浩渺远大。“问孤松，何无鹤，静如眠。”中，“问孤松”引自宋代的陶梦桂的诗《孤松》，原文是：“傲睨风霜老更臞，旁边著我未为孤。向来无亮盘桓后，试问曾逢我辈无”。而“何无鹤”中的“鹤”则引自唐代白居易的《鹤》“人各有所好，物固无常宜。谁谓尔能舞，不如闲立时。”意思是说，人人各有所好，事物本来也不是永远应该怎样的，鹤呀，谁说你只会跳舞呢，我最欣赏你警觉地倾听时直立的姿势；就“静入眠”而言，众所周知是平静入睡的意思。这几句连起来，表明我父学习古人，心无旁骛，不被俗世所困扰，则自然安稳得多！“空林露冷，葉摇麈尾影混圆”中的“空林露冷”，引自明朝袁仁的《吊梅道人墓》中的“古垄烟浮閒夜月，空林露冷滴庭梧”，意思是空旷的林地外露水给人们带来丝丝凉意，渲染了静谧的氛围。“混圆”，则引自清龚自珍《最录〈尚书〉古文序写定本》中的“马郑皆曰：百篇之序，孔子　之所作也。绎其文章，冲然渾圜，与《易·彖》相似，纵非孔子，意者其游夏呼？”其中，渾圜可以理解为很圆的意思，“葉摇麈尾影混圆”，形容葉摇尘埃遮住了浩大的天体般。“空林露冷，葉摇麈尾影混園。”这句连起来，可能表达了我父见微知著，以及飘然物外的情怀。接着的“剑化长虹千丈，”引自《晋书·张华传》清袁天庚《月中行》中的词句，“中宵也学刘琨舞，三尺剑化作长虹。”“手指玲瓏色相”意思是，手中的剑舞起来化作千丈长虹，手指之处剑身闪烁光芒。“剑化长虹千丈，手指玲瓏色相。”这两句串起来，表明人们壮烈的赴死，如同剑化作长虹指向万物的一种永存精神！尽管所指向的万物是不完全的，“萬象自无全。”

该词写于南京正值一九四六年的中秋佳节。每逢佳节陪思亲，从我父前面一系列的词，可自然联想到，我父是在悼念抗日牺牲的将士们，“嫋嫋迎風桂，莽自舞娟娟。”如同袅袅青烟迎风飘，为劫后的人们舞翩迁！

（三）二十世纪五十年代

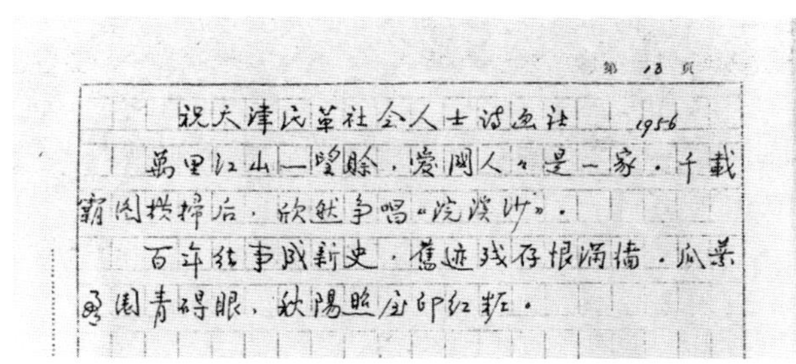

祝天津市民革社会人士诗画社 1956

萬里江山一望賒，爱國人人是一家，千載霸图横掃后，欣然争唱《浣溪沙》。

百年往事成新史，舊迹残存恨满墙，瓜葉盈園青碍眼，秋陽照屋印红粧。

父亲一九五六年写的这首七言诗，诗题很清楚，就是庆祝天津市民革社会人士诗画社成立，现在从网上无从考证，具体是什么情景，但是，从诗的内容可以充分反映我父心情是很愉悦的。

诗前半段的开头，“万里江山一望赊”引自宋代诗人俞紫芝《水村闲望》的“画桡两两枕汀沙，隔岸烟芜一望赊。翡翠闲居眠藕叶，鹭鸶别业在芦花。溪云淡淡迷渔屋，野旆翩翩露酒家。”该诗前三联描绘出一派沉寂安宁朦胧的意境，从而表现了作者悠然闲适的心绪和寄情山水、与世无争的情怀。我父之所以选此句为全诗的开端，寓意是不言自明的。“爱國人人是一家”应该是父亲前面所写的诗词的中心思想了。“千載霸图横掃后”引自明代黎瞻《五层楼》中的“千载霸图楼殿改，三城甲第鼓钟传”。我父的意思是说，封建朝代几千年的霸业被横扫了“欣然争唱《浣溪沙》”中《浣溪沙》是词牌名，来自唐教坊曲，“浣”指洗涤，“沙”通“纱”，根据出土的古籍考证，本意为西施浣纱之地，或者解释为洗衣服的小溪。由此可以理解为，我父比喻大家都很拥护中国共产党领导下的新中国。

诗的后半段，“百年往事成新史”，引自宋代王易简《酹江月》中的“千古闲愁，百年往事，不了黄花笑。”意思是说，千古闲愁，一百年前的事情，没有了黄花笑，我父将“百年往事”巧妙地与“成新史”衔接，意思是再明白不过了，中国发生了翻天覆地的变化。“舊迹残存恨满墙，”我父指出在诗画中，难免还残存过去应该扔掉的东西，这样，会造成墙上诗画充满恨意的不良后果，由此，我父进一步借古喻今，善意的劝说，“瓜葉盈園青碍眼”，意思是说，即便人们喜欢瓜园，如果满是绿色的果子和叶子，青蒿挺碍眼的，倒不如另一种境地动人心。“秋陽照屋印红粧。”引自唐朝许浑《早行》中的“秋阳弄光影，忽吐半林红。”，意思是说，秋天的阳光映红了半个林子。我父写此句，引经据典，表示向前看的阳光的诗画是令人美丽的物件，让人心旷神怡，也点明了举办民革社会人士诗画社的真正意义。

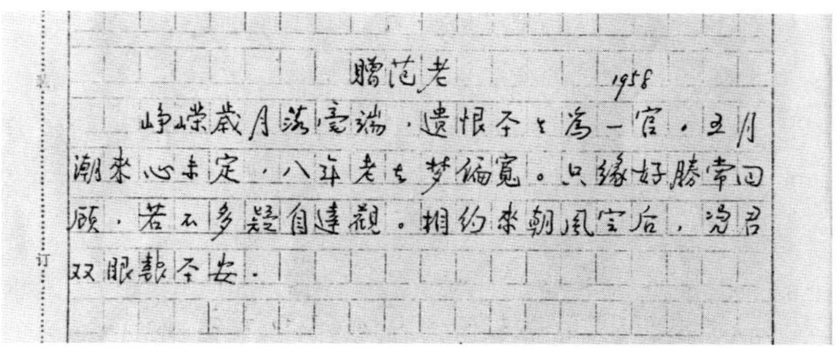

赠范老 1958

峥嵘歲月落毫端，遗恨平生爲一官，五月潮来心未定，八年老去梦偏寬。只缘好勝常回顾，若不多疑自達觀。相约来朝風定后，憑君双眼報平安。

赠范老 1958

峥嵘歲月落毫端，遗恨平生爲一官，五月潮來心未定，八年老去梦偏寬。只缘好勝常回顾，若不多疑自達觀。相约來潮風定后，憑君双眼報平安。

这首七言诗是父亲一九五八年赠予时任天津市民革第二届副主委范绍韩老先生的。范老是天津市民革的创始人之一,一九五三年，范绍韩先生还积极参加了由蔡廷锴担任分团长的活动中国人民第三届赴朝慰问团，还有二十余位民革同志也参加了这次慰问团。

七言诗的开头写道，“峥嵘歲月落毫端”，其中，“峥嵘歲月”引自宋代廖行之的《沁园春（和苏宣教韵）》中的“直下承当，本来能解，莫遣干休。算如今蹉过，峥嵘岁月，分阴可惜，一日三秋”。意思是说，自己能直面承担的，不要罢手。计算如今蹉跎过的时间，可惜那些不平凡的岁月极短，仿佛一日内三个秋天就过去了。“落毫端”引自宋代曾丰的《提邓保章真二首》中的“费尽精神星斗间，若为犹剩落毫端。吾真更在此真外，收拾清明反自观”，反映了作者悠然自得的心境。我父写此句，“峥嵘岁月落毫端”，是在赞扬范老风雨过后，依然处事不惊，平静如常的风格。“遗恨平生爲一官”，使人不得不联想到清代吴伟业的《梅村家藏稿》六卷四十二页中的名句，“误尽平生是一官，弃家容易变名难”，表现了作者被迫出仕清朝的矛盾心情：为了一官半职，误了自己的一生，弃家是容易的，而改变声名是困难的。我父可能指，范老平生遗憾的一件事是担任了国民党政府地方官一职（在网上无从考证，只是从该诗的字面上去推断）。“五月潮来心未定”，据历史资料记载，很可能指毛主席来天津视察，被天津市民认出，引起人民群众的欢呼热潮，可以由此推断我父该诗写于一九五八年下半年。就“八年老去梦偏寬”而言，关于“老去”的古词很多，而杨万里的《都下无忧馆小楼春尽旅怀二首》的“不关老去愿春迟，只恨春归我未归。最是杨花欺客子，向人一一作西飞。”意思是希望春天晚些结束的原因不是因为害怕老去，只恨春已归去我却不能归乡。杨花最是欺负我这个客居之人，偏偏纷纷往我家所在的西边飞去。我父描写解放后八年来，范老的心情越来越好，连做的梦都让人宽心，此境难得。原因是“只缘好勝长回顾，若不多疑自達觀。”曾国藩的为官之道中有：

“与多疑人共事，事必不成。与好利人共事，已必受其累！”我父的意思是人皆因为好胜，才经常回顾自己得意的时光，如果为人处事不多疑，必然能心胸开朗。“相约来潮風定后”中，“風定”引自唐代白居易的《湖亭望水》中的“久雨南湖涨，新晴北客过。日沉红又影，风定绿无波。”该词是白居易从长安被贬到江西所作，意思是说，刚被贬官的“北客”，路过久雨后涨满水的南湖，而此时连雨转初晴，日落江下，映出耀眼的红光，风平绿水无波浪，反映了白居易此时心情是无奈且孤独的。我父借古喻今，仍对范老赞许，而且展望未来，“凭君双眼報平安”，指凭范老智慧的双眼和头脑，定能安度幸福的晚年。

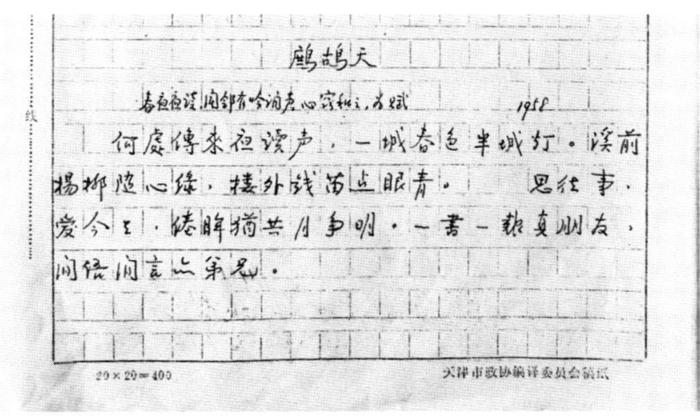

鹧鸪天

春夜夜读，闻邻有吟诵声，心窍和之，为赋　1958

何處传来夜讀声，一城春色半城灯。溪前楊柳随心绿，楼外钱苗点眼青。　思往事，爱今生，倦眸猶共月争明。一書一報真朋友，閒语閒言亦弟兄。

一九五七年秋季，距我们家从天津五大道之一的大理道，搬到河西区解放南路和大沽路交汇处的尖山宿舍红星里十八号二楼二零三，不到半年的时间。尖山宿舍筹划于一九五四年，这是在天津市盖起来的第一批质量较好的职工宿舍楼群，号称“八大里”，包括红星里、红升里、红霞里、红山里、曙光里、红光里、金星里、光明里。居民大部分是工厂工人、商店职工，以及部分机关事业单位人员（其中包括天津市作为河北省会时，留下来的河北省委和省政府部分人员家属），还有极少部分北洋政府的遗老遗少及其家属（大都居住在红升里，二十世纪六十年代初，我曾受父亲委托前往，代表天津市政协向他们发放一定的补助金）。

此时，父亲正式调入天津市政协机关，任秘书处副处长。我也已转学到离家较近的天津市第四十二中学，上初中二年级，父母工作都很忙，主要便由我照顾三个年幼的弟弟。我依稀记得，父亲在家中做饭时，还不时哼哼古诗词，还有毛主席的诗词，其中，经常哼哼的有“秦皇岛外打鱼船”（毛主席一九五四年的《浪淘沙·北戴河》中的词句），我却往往听成“青黄到来大衣穿”，闹成天大的笑话，可见当时我对古诗词一窍不通，父亲也从不理睬我是否有这方面的知识。

这是父亲以“鹧鸪天”为词牌名的第三首词，仍采取双调五十五字。该词写于一九五八年春季，词牌下面的小注表明我父有夜读的习惯，某一天忽闻邻家传来吟诵声，是心窍和之，特赋词一首。

词的上半阕，开始就给出作词的缘由，“何处传来夜讀声”，令人想到欧阳修五十三岁时写的《秋声赋》中的“欧阳子方夜读书，闻有声自西南来者，悚然而听之，曰：‘异哉！’初淅沥以萧飒，忽奔腾而砰拜，如波涛夜惊，风雨骤至。其触于物也，鏦鏦铮铮，金铁皆鸣；又如赴敌之兵，衔枚疾走，不闻号令，但闻人马之行声。”作者正在秋夜专心致志地读书，忽听一种奇特的声音从西南方传来。作者惊讶于这样的声音，细听，起初似雨声淅淅沥沥，又似风声潇潇飒飒，忽然又如波涛奔腾翻涌，又似狂风暴雨骤然而至。它接触到物体上，又发出如金铁相撞的鏦鏦铮铮的声音，又好像奔赴敌阵的军队，衔枚迅跑，听不到号令，只听到人马行进之声。“一城春色半城灯”可能仿效于清代刘凤诰的对联“四面荷花三面柳，一城山色半城湖”，该联是对山东省济南市大明湖的精美描写。我父将这种夜间朗朗的读书声比喻为“一城春色”，照亮了天津半城灯。我父写该句词的心情，很可能参照唐代刘禹锡《竹枝词二首》中的其一词句“杨柳青青江上平，文郎江上唱歌声。”我家楼房东面的确有一条小溪，“溪边楊柳随心绿”，恰好是我父此时心情的写照。“楼外钱苗点眼青”中的典故是唐朝设的“青苗钱”，是一种田赋附加税，因国急用，当苗青即预征，又有地头钱每亩征二十，通称“青苗钱”。我父古为今用，写作“楼外钱苗”，再加上后缀“点眼青”，均服从词牌的平平仄仄，意思是说，夜间心情愉悦，不由得联想到白天的情景，楼外大地的庄稼青苗，也看起来格外亲切。

词的下半阕，“思往事，爱今生，倦眸犹共月争鸣”中，“倦眸”引自宋代李曾伯《立春后登裴公亭时已解郡组》中的“公余赢得片时休，徙倚危亭豁倦眸。”意思是说，在公务的余暇得到了一段休息时间，登上高亭，在亭内徘徊并睁开疲倦的眼睛。我父感慨地写道，回忆过去所走过的弯路，更珍惜今天跟着中国共产党所走的新路，即使眼睛已经疲倦也要趁月明时争夺时间，也就是要坚持只争朝夕的精神。接着说“一書一報真朋友，閒语閒言亦弟兄。”古人一开始是将“朋”与“友”分开来讲的，“朋”往往指的是并肩而行的同门师兄弟，而“友”从字的构成出发，其字从二又，“又”指右手，一双并排的手指着同一个去处，即像兄弟、一家人一样，一路同行，相互协助，他们大的理想、大的方向都相同，所以“同志为友”，志同道合才能称之为“友”。但自孔子在《论语》中，将这两个字连起来之后（“与朋友交，言而有信”），“朋友”一词就自然形成了。我父由夜读联想，推而广之，凡是喜欢读书和看报的都是真朋友，即使是看闲言闲语的亦是真兄弟，不论年龄大小长幼尊卑，因为爱学习就会有共同的语言。该词也是父亲一辈子坚持和推崇读书学习的优良习惯的真实写照。

（四）二十世纪六十年代

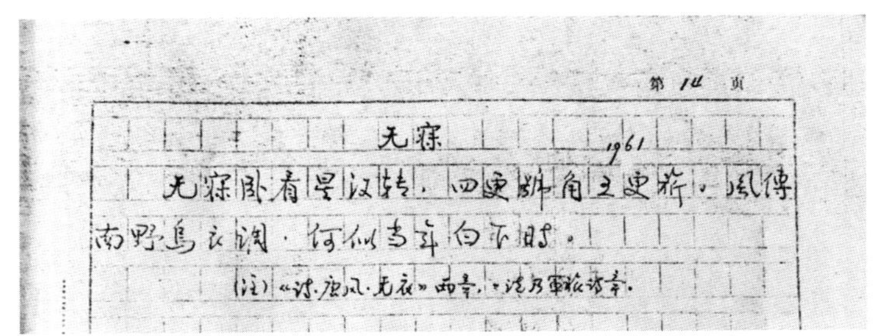

第14页

无寐　1961

无寐卧看星汉转，四更鼓角五更鸡。风传南野乌衣调，何似当年白下时。

（注）《诗·唐风·无衣》两章，一说乃军旅诗章。

无　寐　1961

无寐卧看星汉转，四更號角五更旂，風傳南野鳥衣调，何似当年白下时。

（注）《诗·唐风·无衣》两章，一说乃軍旅诗章。

明代刘基曾作七言诗《无寐》："夜长无寐待鸣鸡，及至鸡鸣梦却迷。惊起朝阳斜照屋，一眉残月在天西。"刘基，字伯温，谥曰文成，元末明初杰出的军事谋略家、政治家、文学家和思想家，明朝开国元勋。

我父效法刘基，于一九六一年也写了一首七言诗《无寐》。诗的开头，"无寐卧看星汉转"（参考宋代王珪［guī］的《宫词》中的"卧看星河归阁晚，月斜疏影转梧桐。"意思是说，卧在床榻上仰望天空，看到无数的星星在闪烁，这样的夜晚只有梧桐树枝之间影影绰绰的月亮的影子。）我父的意思是说，夜里睡不着，若有所思，看着天上银河中的星斗转移（我记得父亲经常对我说，北斗七星如果转到我们头顶上，就要过年了，看来他曾在不少不眠之夜，看天上的星星）。"四更號角五更旂"出自唐朝杜甫的《阁夜》中的"五更鼓角声悲壮"，意思是说，五更的时候，军中号角的声音听起来是那样的悲壮。古代军队的早晨军训的号令是四更号角起床，五更旌旗号令训练。我父此句也另有所指，父亲写此诗时，已四十七岁了，步入中年，没有年轻人那么多觉了，每天清晨四五点就醒了。"風傳南野鳥衣调"引自唐代刘禹锡的《乌衣巷》："朱雀桥边野草花，乌衣巷口夕阳斜。旧时王谢堂前燕，飞入寻常百姓家。"朱雀桥在金陵城外，乌衣巷在桥边，即今南京市东南文德桥南岸，是三国东吴时的禁军驻地。由于当时禁军身着黑色军服，所以此地俗称乌衣巷。“何似当年白下时”出自唐代王勃的《白下驿饯唐少府》，该诗前两联的意思是说，在做官之前，像虞卿和魏齐，这是从小的穷朋友，算是很早的了；在穷困中，像韩信和南昌亭长之间寄食交往的穷朋友，也算是很早的了。但彼此相知，成为莫逆，为什么一定要早认识呢！只要彼此了解，心心相印，就可以依依不舍而成为知交。父亲是借古喻今，想起了他当时在南京国民党中央政治学校就读的同学中，后来有国民党政军中煊赫一时的，还有在抗日前线奋勇抗击日寇的好朋友，如萧亦五。在当年的淞沪战争中，萧亦五是十九路军蔡廷锴的领导下的一名士兵，不幸被日本鬼子用达姆弹打中了一条腿，在山沟里躲藏了两三天才被发现，被送到南京文昌桥附近的一个伤兵医院，锯了半条腿，连膝盖也锯掉了。父亲这首七言诗的后注表明，他很显然联想到自己在南京共过事的老朋友。杨宪益老先生在各种回忆录中也提到过萧亦五这位抗日英雄：“分别后，也不知现今如何了，晚上夜不能寝，而思绪万千”（参见杨宪益著《楼船·载酒忆当年》，北京十月文艺出版社，2018 年）。

诗后注有助于理解我父七言诗的真意。《诗·唐风·无衣》两章，岂曰无衣？七兮。不如子之衣，安且吉兮。岂曰无衣？六兮。不如子之衣，安且燠兮。”意思是：难道说我没衣服穿？我的衣服有七件。但都不如你亲手做的，既舒适又美观。难道说我没衣服穿？我的衣服有六件。但都不如你亲手做的，既舒适又温暖。父亲的后注，很显然，在无寐时，想到了他在南京国立编译馆的同事萧亦五，他曾是在上海抗击日寇侵略的英勇战士。

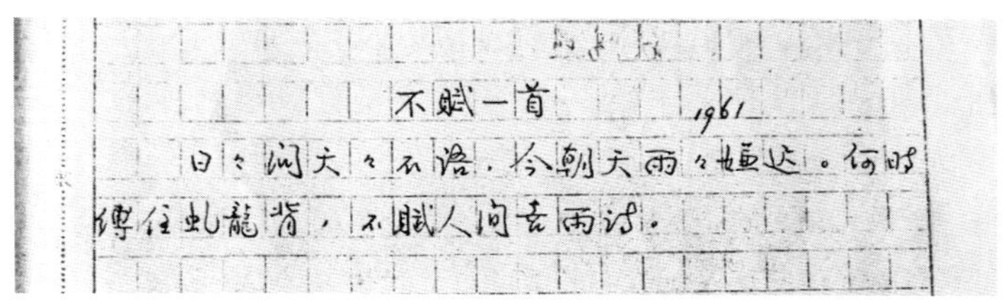
不赋一首 1961
日々问天々不语，今朝天雨々嫌迟。何时缚住虬龍背，不赋人间喜雨诗。

不赋一首 1961

日日问天天不语，今朝天雨雨嫌迟。何时缚住虬龍背，不赋人间喜雨诗。

这是父亲又一首七言诗，题为《不赋一首》。“赋”是我国一种有韵文体，起源于战国，经历了骚赋、汉赋、骈赋、律赋、文赋几个阶段，其中汉赋最具影响。“赋”有几个明显特点：语句上以四、六字句为主，句式错落有致并追求骈偶；语音上要求声律谐协；文辞上讲究藻饰和用典；内容上侧重于写景，借景抒情。排偶和藻饰是汉赋的一大特征。父亲的《不赋一首》是按七言诗体，不完全按赋词韵写之，仍引些典故。据历史记载，一九五九至一九六一年华北连续三年发生大旱，威胁到粮食生产和销售供应。

我父这首七言诗，主题显然是抗旱。“日日问天天不语”，引自宋代洪咨夔的《俞提举挽诗其二》中的“问天天不语，江阔莫云愁”。“今朝天雨雨嫌迟”引自唐代杜甫的《上白帝城二首》中的“天欲今朝雨，山归万古春”，意思是即使下了雨，还嫌雨来得太迟了。接着我父表达老百姓的心声，“何时缚住虬龍背”引自宋代杨虞仲的《和严侍御枏木诗》中的“两苍崖屹相应对，上面虬龙插崖背”。虬（qiú）龙是传说中的一种小龙，是管风雨的神兽。“不赋人间喜雨诗”出自唐玄宗李隆基的《喜雨赋》:“家尚知乎礼节，国有望於丰霸。小阳台之神人，却大宛之走马。观云行而雨施，吾何事乎天下。”我父引经据典的意思是说，人们什么时候能缚住管降雨的虬龙的背，不用再赋人间求雨的诗，反应了人民大众的一种渴望。其实，我国自从一九五八年，在吉林省首次成功实施人工增雨作业以来，气象部门人工影响天气的水平不断地得到提高，科学水平亦不可同日而语。

清平樂

幼儿园所见　1961.4.

青梅竹马，舞个歌初罢。桃李无言蹊径下，天上人间难画。　凝眸主席象前，捉摸宇

20×20=400　天津市政协编译委员会稿纸

第 15 页

宙飞船。谁解童心壮语。“阿姨我要登天。”

清平樂

幼儿園所见　1961.4

青梅竹马，舞尽歌初罷。桃李无言蹊径下，天上人间难画。凝眸主席象前，捉摸宇宙飞船。谁解童心壮语，“阿姨我要登天。”

清平乐，原为唐教坊曲名，后用作词牌名，又名“清平乐令”“醉东风”“忆萝月”，为宋词常用词调，同时又是曲牌名，属南曲羽调。作为词牌，此调正体双调八句四十六字，前片四仄韵，后片三平韵。晏殊、晏几道、黄庭坚、辛弃疾等词人均用过此调，其中晏几道尤多。代表作有李煜《清平乐·别来春半》等。通常以李煜词为准，双调四十六字，八句，前片四仄韵，后片三平韵。这我父第一首采用该词牌的词，写于一九六一年四月。

从词的小注可知，父亲是写在幼儿园中所看到的和联想到的。词开头为“青梅竹马，舞尽歌初罷。”“青梅竹马”已经脍炙人口，出自于唐朝李白的《长干行》中的“郎骑竹马来，绕床弄青梅。同居长干里，两小无嫌猜。”形容男女儿童之间两小无猜的情状。“舞尽歌初罷”可引自宋代周邦彦的《解语花·上元》中的“清漏移，飞盖归来，从舞休歌罢。”意思是说，时间不早了，赶紧驱车回去吧，任凭他人歌舞狂欢。我父显然是描写，幼儿园中孩子们天真无邪，相互成为好朋友，两小无猜，天天由老师教跳舞和唱歌的情景，深深的羡慕之情油然而生。接着写道，“桃李无言蹊径下，天上人间难画。”其中，“桃李无言蹊径下”出自汉代著名的史学家司马迁的《史记·李将军列传》中的“桃李不言，下自成蹊。”意思是说，桃树、李树不会说话，但因其花朵美艳，果实可口，人们纷纷去摘取，于是便在树下踩出一条路来，比喻为人真诚笃实，自然能感召人心。“天上人间难画”，出自宋代傅大询的《念奴娇》中的“富贵风流须道是，天上人间难得。”我父借用古人言，称赞孩子们天真无邪、诚实可信，是天上人间难得的一种精神。然后词锋陡转，“凝眸主席象前，捉摸宇宙飞船”是说看到了幼儿园中挂着的毛主席像，久久不能平静，想到了宇宙飞船。我父之所以突然提出宇宙飞船之事，是有国际背景的。一九五七年十月四日，苏联成功地发射了第一颗人造卫星。一九六一年四月十二日，苏联宇航员加加林又首次乘载人宇宙飞船进入太空，成为第一位太空人。苏联在航天领域的巨大成功深深地刺痛了美国人的心，也在我国上下引起了较大的震动。我父以“谁解童心壮语，‘阿姨我要登天。’”结尾，“童心”可出自明代杰出的思想家李贽的《童心说》，借孩子们的心声，说出了全国人民的伟大愿望！我父早在六十年代便赋词一首，其核心思想就是要实现“阿姨我要登天”，真是难能可贵！

中国一直致力于航空航天事业的发展，在中国载人航天这个伟大的工程上，中国已经努力了三十余年。我国成功发射了天和核心舱，成功地在太空当中建立了属于中国的空间站，我国宇航员也已经有多批次乘神舟飞船遨游太空，往返于天地之间。这也实现了我国老一辈的理想。

車過山海関 1962.1.13

萬里长城萬卷書，长城写尽帝秦初。孟姜女傳人心裡，争说当年舊霸图。

这是我父于一九六二年一月十三日，在火车上所赋七言诗一首。我当时还在天津念高三，记得父亲接到通知去东北参加全国政协的会议，非常兴奋，他以前从来没有去过东北。因为听说东北冬天很冷，我母亲特地为父亲做了件呢子大衣御寒。

诗的开头写道，“萬里长城萬卷書”，其中“萬里长城”众人皆知，是指中国西起嘉峪关东至山海关的长城。战国时秦、燕、赵等国都修过长城，秦始皇灭六国后，为了防御匈奴南侵，将北方的长城连贯起来。今长城为明代所修，全长六千七百公里。但是，长城在古文中还比喻国家所依赖的战将，出自《南史·檀道济传》：“道济见收，愤怒气盛，目光如炬，俄尔间引饮一斛。乃脱帻投地，曰：‘乃坏汝万里长城！’”“萬卷书”出自唐代杜甫的《奉赠韦左丞丈二十二韵》中的“读书破万卷，下笔如有神。”杜甫从小努力学习，刻苦读书，七岁就写过歌颂凤凰的诗，九岁就能写很好的大楷，十四五岁时就能写出像样的文章，二十岁时，杜甫的学问已经很渊博了。父亲可能要说的有两层意思：其一是，“萬里长城”象征着中国几千年文明史，可谓是“萬卷书”也不止啊；其二是，赞叹成功人士要逾越多少艰难的障碍啊！接着写道，“长城写尽帝秦初。”我父的喻意很清楚，“长城”就完全可以代表秦朝初期，震慑北方所有邻国的兴旺强盛的国势。七言诗的末尾写道，“争说当年舊霸图。”其中，“霸图”引自唐朝胡曾的《咏史诗·垓下》中的“拔山力尽霸图隳，倚剑空歌不逝骓。”这首七言诗的本意是评述秦朝统一中国的，修建了万里长城，又颠覆了霸业只留下了万里长城。父亲七言诗的表达了，坐火车去东北途中，经过山海关的一段万里长城时，感慨万千，怀古思今。“萬里长城萬卷書”“争说当年舊霸图”应该是七言诗的中心思想，就是盛赞如今祖国历史悠久而伟大，也激励有识之士为祖国的明天，不畏艰难地去努力奋斗！

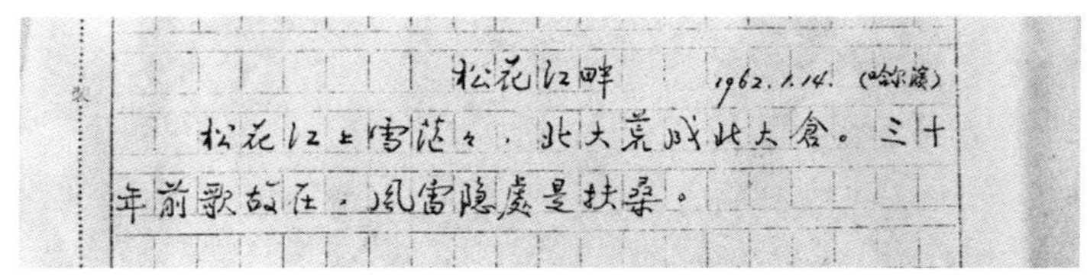
松花江畔　1962.1.14.（哈尔滨）
松花江上雪茫々，北大荒成北大倉。三十年前歌故在，風雷隐處是扶桑。

松花江畔　1962.1.14（哈尔滨）

松花江上雪茫茫，北大荒成北大倉。三十年前歌故在，風雷隐處是扶桑。

父亲这首七言诗，写于一九六二年一月十四日的哈尔滨，与一月十三日在火车上的那首是姊妹篇。

诗的一开头，就点出了东北大平原冬季的气候特征，

“松花江上雪茫茫”，诗意再明白不过了。历史上，也有诗人写过此类的诗句。唐代柳宗元的五言绝句《江雪》写道：“千山鸟飞绝，万径人踪灭。孤舟蓑笠翁，独钓寒江雪。”诗中运用典型概括的手法，选择千山万径、人鸟绝迹这种最能表现山野严寒的典型景物，描绘大雪纷飞，天寒地冻的图景：在江天一色下，渔翁俯身垂钓，完全沉浸在自己的世界中，物我两忘。话又说回来，我父写意的松花江，可谓是东北的地面景象的代表，无以伦比。人们永远记得著名抗日歌曲，由张寒晖作曲的《松花江上》。松花江是中国七大河之一，是黑龙江在中国境内的最大支流。松花江在隋代称难河，唐代称那水，辽金两代称鸭子河、混同江，清代称混同江、松花江。松花江流经吉林、黑龙江两省；流域面积五十五点七二万平方公里，涵盖东北四省区黑龙江、吉林、辽宁、内蒙古；年径流量七百六十二亿立方米。我父用“北大荒成北大倉”赞扬，只有在中国共产党的领导下的新中国，在东北人民的努力下，北大荒才变成了全国的大粮仓。下面诗峰陡转，“三十年前歌故在”，显然是指，三十年前面对日寇悍然发动战争，侵占我国东北大片土地，屠杀我国国民的累累罪行，东北人民和抗日联军英勇抵抗，这些可歌可泣的史诗，今人依然记忆犹新！七言诗的结尾写道，“風雷隐處是扶桑。”其中，“風雷”可出自清代龚自珍的《己亥杂诗·其二百二十》中的“九州生气恃风雷，万马齐喑究可哀。”意思是说，只有依靠风雷激荡般的巨大力量才能使中国大地焕发勃勃生机，然而社会政局毫无生气终究是一种悲哀。父亲用此句进一步点明，当时的侵略战争皆是由于日本（扶桑）野心膨胀所挑起的，在我国举国反抗斗争之下，日本的失败是必然的！我父通过七言诗姊妹篇的第二篇，进一步阐明，已经屹立东方的中国，是世界上任何具有野心的国家和力量不可撼动的！从中也透出对东北地区在我国占有举足轻重的地位的赞许。

醜奴兒

少年日々沽河渡，不解风云，不解风云，孤负人间幾个春。 而今又是沽河渡，碧水微尘，碧水微尘，愧尔东西南北人。

醜奴兒

少年日日沽河渡，不解风云，不解风云，孤負人间幾个春。　　而今又是沽河渡，碧水微尘，碧水微尘，愧尔东西南北人。

丑奴儿，词牌名。又名“采桑子”“丑奴儿令”“罗敷媚歌”“罗敷媚”等。双调小令，殆就唐教坊大曲中截取一遍为之。《尊前集》注“羽调”，《张子野词》入“双调”。此调正体两段四十四字，前后段各四句三平韵。代表作有南宋辛弃疾《丑奴儿·书博山道中壁》：“少年不识愁滋味，爱上层楼。爱上层楼，为赋新词强说愁。而今识尽愁滋味，欲说还休。欲说还休，却道‘天凉好个秋’！”意思是说，人年轻时不懂什么叫忧愁，喜欢登高远望。为了写出新词，没有愁而硬要说忧愁。现在尝尽了忧愁的滋味，想说却说不出，却说道：好凉爽的一个秋天！

父亲头一次采用该词牌回忆自己的年少时的情景。父亲整首词的写法，有些类似古人该词牌的结构。与“少年日日沽河渡”类同的诗句，可参考唐朝令狐楚的《少年行四首·其三》中的“弓背霞明剑照霜，秋风走马出咸阳。丰收天子河湟地，不拟回头望故乡。”意思是说，身后背着锃亮的弓箭，拿着如披上霜的亮剑，迎着秋风跨上战马出咸阳。如果不收复河湟失地，就不打算回头望故乡。我父该词开头的意思是说，自己少年是在天津大沽口度过的（见前面的《长亭怨慢》，1943［永安］），不再细说。）接着写道“不解风云，不解风云，孤负人间幾个春。”其中，引自北宋晏殊《踏莎行（其五）》中的“春风不解禁杨花，蒙蒙乱扑行人面。”意思是说，春风不懂得去管束杨花柳絮，好似那蒙蒙细雨乱扑人面。“风云”的意思众所周知，父亲是在讲自己“不解风云”，年少丝毫不懂得社会变幻动荡的局势，正是由此“不解风云”（第二个），因而“孤负人间幾个春”，这个寓意很清楚，是说懵懂的状态持续了几年。“而今又是沽河渡”，表明父亲廿岁离津后，在南方诸省辗转了十六年，于一九五〇年，又回到少年时天津的“沽河渡”。“碧水微尘”中的“微尘”乃指佛教语，色体的极小者称为极尘，七倍极尘谓之“微尘”，出自《大毗婆沙论》卷一三六。“碧水微尘，碧水微尘，愧尔东西南北人。”连起来的含义比较深，目前，我只能理解为，前一个“碧水微尘”旨在讲宏观的碧水以及人间极小的尘埃都是客观存在的；后一个“碧水微尘”是在反问人们，这些客观存在的物质，宏观的碧水，虽然人人都能看得见，但是，是不是真的尊重它呢？何况微小的物质存在？如果不能，那就愧对自己是走南闯北、见识广的人啊！我想我父可能是在讲，人们要善待自己生存的环境，才是真正的“东西南北人”。这是在近六十年前我父的认识，不仅是见微知著，而且作为一个文人出身的人，能从词中映射出社会环境的大道理，实属不易，令人感叹。

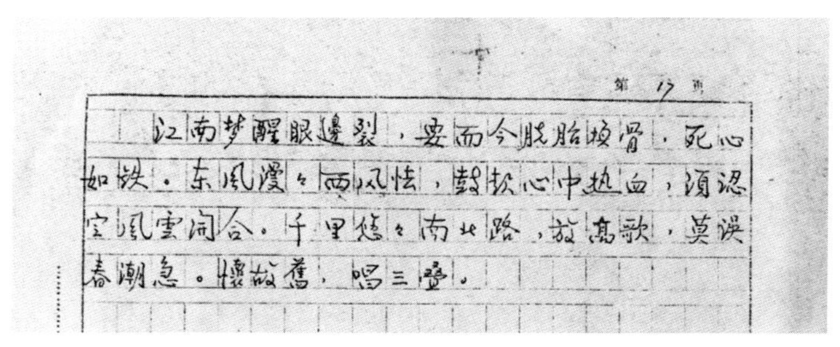

第 17 頁

江南梦醒眼邊裂，要而今脱胎换骨，死心如鐵。东風漫々西風怯，鼓起心中热血，须認定風雲间合。千里悠々南北路，放高歌，莫误春潮急。懷故舊，唱三疊。

金缕曲

绍埙自吴兴惠书，多话解放前金华塘雅旧事，为赋　1963.2.10

往事还须说，问当年，吴南越北，幾多豪傑？天目山邊天目怒，芳艸年年未歇。看鬼火，时明时滅。白面書生成底用梅郈句？马回頭，前后桃花雪清人出关诗云：“马后桃花马前雪，与能叫我不回头”。君與我，问明月。

江南梦醒眼邊裂，要而今脱胎换骨，死心如铁。东風漫漫西风怯。鼓起心中热血，須認定風雲開合。千里悠悠南北路，放高歌，莫误春潮急。懐故舊，唱三叠。

文学史上除了有著名的纳兰性德的《金缕曲》外，还有同朝代先于纳兰性德的顾贞观，为求纳兰性德搭救好友吴兆骞创作的组词作品《金缕曲二首》。

这是父亲以《金缕曲》为词牌的第二首词，词牌小注中，“绍埙自吴兴惠书”的“绍埙”是指，宋朝润州丹阳人绍埙（xūn），字伯友，邵元子，自吴兴惠书，唐宋的吴兴，现在于浙江湖州。我父的意思说，绍埙从吴兴寄来了书信，信中，“多话解放前金华塘雅旧事”。我父于一九三九年八月至一九四一年一月，曾在隶属于金华的塘雅镇担任军职文员，从事编辑工作（战场刊物），父特为此赋词一首。这首词，父亲还特意写信给我（正在北京念书），可见这首词在父亲一生中占有重要的地位。

词的开头写道，“往事还須说”，喻意很清楚，毛主席在一九四一年《改造我们的学习》中，向全党发出号召，指出“不但要懂得中国的今天，还要懂得中国的昨天和前天”。总结历史上正反两个方面的经验和教训，都是很有必要的事情。“问当年，吴南越北，幾多豪杰？”中，“问当年”出自宋朝刘克庄《贺新郎·送陈真州子华》中的“问当年、祖生去后，有人来否。”“吴南越北”，可引自明朝曹溶《浪淘沙·题吴园次收绘小像》中的“痴绝此渔翁，不钓三公。吴越南北柳阴浓。万事且须看下，海阔山空。”“吴南越北”是指江浙水乡。“幾多豪杰”可出自元代曹德《三棒鼓声频·题渊明醉归图》中的“长安此时春梦热，多少豪杰。”这几句串起来，我父是在述说，回顾当年，江浙水乡出过多少豪杰啊！我父接着写道，“天目山邊天目怒”，素有“大树华盖闻九州”之誉的天目山，地处浙江省杭州市西北部临安区境内，主峰仙人顶海拔一千五百零六米。天目山古名浮玉山，“天目”之名始于汉，有东西两峰，顶上各有一池，长年不枯，宛若双眸仰望苍穹，故名，是韦陀菩萨的道场。我父该句可直译为，天目山上的天目池也发怒了，实际上，是指在抗日战争时期，载入我军史册的经典运动歼灭战役。一九四五年，粟裕在杭州西北部天目山地区取得了三次反顽战斗的胜利：率部南下，运动战中痛击“猴子军”；调虎离山，山地战中血战“黄泥冲”；以退为进，歼灭战中集中主力“速战速决”。天目山战役在抗日战争的最后阶段痛击国民党顽固派，这场运动战、歼灭战也成为中国共产党领导的新四军史上以少胜多的经典战例。“芳艸年年未歇”出自南朝诗人谢灵运的一首五言诗《游赤石进帆海》中的“首夏犹清和，芳草亦未歇。”意思是说，初夏了，天气总算还清爽煦和，芳草也未尝因骄阳的淫威而枯萎。我父明确表示，虽几经战争，天目山边的芳草依然如故。接着我父连用排比句。“看鬼火，时明时滅。”明显讽刺，与天目山边芳草长青相比，发动侵略和祸害人民战争的鬼火则是时明时灭。“白面书生成底用？”实则引自清代吴伟业《满江红·蒜山怀古》中的“记当年、阿童东下，佛狸深入。白面书生成底用？萧郎裙屐偏轻敌。”意思是说，想起当年王濬曾东下伐吴，还有深入南侵的拓跋焘（tāo）。年轻识浅的白面书生有何用？萧渊藻那样的裙屐少年，偏偏又轻敌自傲。我父还做了小注，意思是说，上海当年的女电影演员梅邨（cūn）在演电影或话剧时，是否也说过此话（白面书生成底用）？“马回頭，前后桃花雪。”后我父做的小注中指出，此句引自清代徐兰《出关》中的“凭山附海古边州，旆影翻飞见戍楼。马后桃花马前雪，出关争得不回头？”意思是说，古老的边地州城背山面海，旌旗在戍防城楼上随风翻卷。座骑后的土地正是桃花盛开的春天，座骑前的关外却依旧飘飞着雪花、寒威肆虐，出关的将士又怎能不回头留念呢。我父只不过稍作修改，以致符合词的韵律，简化成意思相同的“马回頭，前后桃花雪。”我父感慨万千，觉得自己离开天津奔赴南方，南方桃花开放的时候北方还在飘雪，由此，父亲与出征塞外的将士产生了同样的心情。词的上半阕结尾，“君與我，问明月。”可引自宋代黄庭坚《寄怀蓝六在延平》中的“与君千里共明月，思子一日如三秋。”词意十分明确，邀人共赏月，思子很心切。父亲上阕结尾之句的意思是对着明月思念故乡，自我解嘲。我父该词的上半阕，内容和地域跳动很大，也许是追古思今，自己这个白面书生在解放前，辗转国民党政群多个部门，国民党集团腐败，祸国殃民，父亲检讨自己也并没对国家做过什么贡献。

词的下半阕，开头写道，“江南梦醒眼邉裂”，引自唐代温庭筠《梦江南・梳洗罢》中的“梳洗罢，独倚望江楼。过尽千帆皆不是，斜晖脉脉水悠悠，肠断白苹洲。”这首《梦江南》显然在描写思夫的妇女白日倚楼，愁肠欲断的情景，是一首凝练绝妙的抒情好词。我父用首句反映人生的政治感悟，明确表示自己是在“江南梦醒”，且是愤怒地觉醒（“眼邉裂”，可引自汉代《史记・卷七》中的“目眦尽裂”，与此喻意很相近），接着写道，“要而今脱胎换骨，死心如铁。”喻意更明确了。“脱胎换骨”可引自元代乔吉《折挂令·红梅徐德可索赋类卷》曲：“返老还童，脱胎换骨，保养烟霞。”“死心如铁”可引自南宋辛弃疾《贺新郎·同父见和再用韵答之》中的“道男儿到死心如铁，看试手，补天裂。”应该说，当时举国上下抗日的热情一浪高过一浪，国民党却实行不抵抗政策，促使了父亲如铁般政治转变的决心！我父进一步延伸自己的决心和想法，“东風漫漫西风怯。鼓起心中热血，须认定風雲開合。”中，“东風”可引自现代作家朱自清《春》中的“盼望着，盼望着，东风来了，春天的脚步近了”，还可引自宋代方回《八月初二日》中的“蝉声渐渐怯西风，閒捻青枝玩菊丛。”“须认定風雲开合”出自宋朝苏辙《黄州快哉亭记》中的，“盖亭之所见，南北百里，东西一舍。涛澜汹涌，风云开阖。”“風雲開合”主要的意思是说，风和云聚散变化不定，比喻局势动荡不安。串联起来，表明我父认定春天（东风）革命的气势漫天遍野不可阻挡，而代表腐朽的秋风落叶颓势怯步，鼓起心中热血，要看清并认定革命迅猛的发展是国内形势的主流而不动摇。“千里悠悠南北路，放高歌，莫误春潮急。”中，引自释智圆《寄咸润上人》中的“相怀未能去，南北路悠悠。”“悠悠”者，兼指时间之漫长久远和词人思绪之无穷也。“春潮”出自元代萨都刺《满江红·金陵怀古》中的“听夜深、寂寞打孤城，春潮急。”意思是说，夜深了，春潮拍打着金陵城，激荡着寂寞的声音。我父所引的典故，寓意深刻，一是怀念旧友，二是紧紧围绕金陵（如今的南京）说事，惋惜其二十世纪三十至四十年代在不同阵营的旧友，更盼望目前尚在台湾的敢于“放高歌”，毅然决择，莫误革命的“春潮急。”诗尾我父进一步点明他的感情，“懷故舊，唱三叠”就是怀念旧友。而且对他们说：“须认定風雲开合，放高歌，莫误春潮急。”这就父亲该词的中心思想，对自己，更送旧友！

五一節前津京車上遠望天安门口占 1963.4.25

东風夜送星河落，遠望天门火海围。借问今宵何處去？工人道是節日来。

一九六三年四月，父亲第三次来到北京。第一次是二十八年前，也就是一九三五年，到北京面见吴宓先生。第二次是从南京直接被派到北京华北革命大学，作为南京市民革成员，接受中国共产党的政治教育。

这是一首七言诗，题目为《五一節前津京车上遠望天安门口占》，显然是指当时父亲到的站是永定门火车站，能远望北京天安门。诗开头写道，“东风夜送星河落”，其中，“东風夜送”可引自宋代辛弃疾《青玉案·元夕》中的“东风夜放花千树。更吹落、星如雨。”意思是说，东风吹开了元宵夜的火树银花，花灯灿烂，就像千树花开。从天而降的礼花，犹如星雨。“星河落”出自唐代马戴《同庄秀才宿镇星观》中的“的的星河落，沾苔复洒松。”意思是说，明亮的银河洒下光辉，落在了青苔和松树上。“遠望天门火海围”中所说的“天门”是指天安门，去过北京天安门广场的人，以及在电影或电视画面见到天门城楼的人都知道，天安门的主色调是红色。毛主席曾在一九四九年十月一日，庄严宣告中华人民共和国中央人民政府成立，中国人民从此站起来了，成为国家的主人。我父这句的意思是说，中华人民共和国成立，就如同东风，吹散所有炫耀一时的各种外国侵略和国内反动势力，日落星河，而我国庄严的象征——天安门，红红火火！我父七言诗的结尾写道，“借问今宵何处去？工人道是節日来。”其中，“借问今宵何处去？”可引自元代陈鎰《丹阳早发》中的“借问今宵何处宿，遥山青外是瓜州。”意思说，询问今晚住在何处？回答说青山过去就是瓜州了。父亲的“借问今宵何处去？”是借古喻今。“工人道是节日来”是说“五一”劳动节即将到来！也表明中国的工人不再流离失所，而是成为国家的主人了。

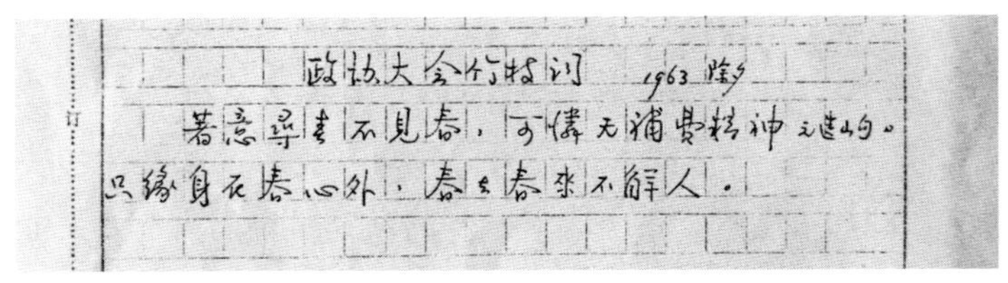

政协大会作诗词 1963 除夕

著意尋春不見春，可憐无補费精神元遗山句。只缘身在春心外，春去春來不鲜人。

这是一九六三年除夕，我父参加天津市政协会议期间所写的七言诗，会议期间肯定仁者见仁，智者见智，可能会有各种各样的发言。我父是从事秘书工作的，各种简报都能接触到。

我父有感而发，诗的开头写道，“著意尋春不見春”，可引自宋代某尼《悟道诗》中的“着意寻春未见春，芒鞋踏破岭头云，归来笑拈梅花嗅，春在枝头已十分。”意思是说，用尽心思去寻找春天，以至于走遍了名山大川。归来后梅花已然绽放，轻轻捧梅花来嗅，发现苦苦寻找的春天已经布满了整个枝头，就在自已的身边。我父接着写道，“可憐无補费精神”，出自金朝元好问《论诗三十首・二十九》中的诗句“传语闭门陈正字，可怜无补费精神。”意思是说，给那位闭门觅句的陈正字捎句话，可怜他这样作诗是白费精神而且毫无补益。“著意尋春不见春，可憐无補费精神”（小注元遺山句。元遗山即元好问，字遗山）这句诗意思是说，人们不要犯政治通病，明明已有中央对政协工作的指导方针，还要白费功夫去找什么所谓新的精神！接着写道，“只缘身在春心外，春去春来不解人。”此二句可引自明代王宠《阳春词》:“春色年年归有期，劝君须惜少年时。春去春来人不见，花开花落日相思。”意思是说，春天年年按时令回归，劝你珍惜年轻的时光。春去春来不见人回来，花开花落日日相思。王宠，字履仁，为蔡羽先生的门生（蔡羽，字九逵，自号林屋山人，又称左虚子，江苏吴县西山人。与著名的“吴门才子”祝允明、文徵明等人先后享誉世间）“只缘身在春心外”的“春心”，人们往往理解为指男女间的爱情，其实不然，“春心”出自宋代无名氏的《蓦山溪・梅梢破萼》中的“梅梢破萼，已见春心了。”“春心”是指春天萌动开放的花朵的花蕊，一种春天自然蓬勃的力量。我父这两句连起来，比喻有的人墨守成规，对春天的脚步视而不见，这样春去春来（即事物不断地向前发展），那么你就必然被抛在春天的后面。

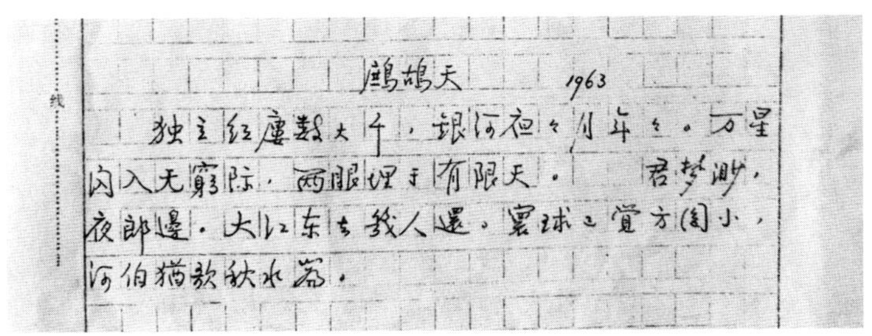

鹧鸪天 1963

独立红廛数大千，银河夜々月年々。万星闪入无穷际，两眼埋于有限天。 君梦渺，夜郎邊。大江东去几人還。寰球已觉方圆小，河伯猶歌秋水篇。

鹧鸪天 1963

独立红廛数大千，银河夜夜月年年。万星闪入无穷际，两眼埋于有限天。　君梦渺，夜郎邊。大江东去幾人還。寰球已觉方圆小，河伯猶歌秋水篇。

这是父亲用《鹧鸪天》词牌写的第五首词。鹧鸪天，词牌名，又名“思佳客”“思越人”“醉梅花”“半死梧”“剪朝霞”等。《鹧鸪天》自唐朝的郑嵎的诗“春游鸡鹿塞，家在鹧鸪天”开始，兴盛于宋朝，用此词牌的作者极广，作品极多，晏几道就有十九首，因此，定格为晏几道《鹧鸪天·彩袖殷勤捧玉钟》，此调双调五十五字，前段四句三平韵，后段五句三平韵。

词的上半阕开头写道，“独立红廛数大千”，可效仿宋代辛弃疾的《鹧鸪天·和昌父》手法，谁“知止酒停云老，独立斜阳数过鸿。”《鹧鸪天·和昌父》是一首抒情词，是抒写自己归隐情趣的抒情词，写得若即若离，如梦如幻。“银河夜夜月年年”中，“银河夜夜”可指每个夜晚的银河；“月年年”可引自唐代张若虚《春江花月夜》中的“人生代代无穷已，江月年年只相似。”意思是说，人生一代代地无穷无尽，只有江上的月亮一年年地总是相像。“独立红廛数大千，银河夜夜月年年。”这句词写得很有创意，直意是说，世上华丽的楼宇有上千座这就像每个夜晚的银河，天天月月年年不息。“万星闪入无窮际”的意思是说，天上无数星星闪烁在无穷尽的太空之中。接着写道，“两眼埋于有限天”，每个人的两眼实际上的视野仅限于很小的空间（当然，进入信息时代以后，那是另说）。“万星闪入无窮际，两眼埋于有限天。”这两句连起来，结束了词的上半阕，一是告诫自己，人贵有自知之明；二是劝解有的人，不要过高估计自己，与浩瀚的宇宙比起来还是微不足道的。

词的下半阕开头写道，“君梦渺，夜郎邊。”其中，“夜郎”指的是夜郎国，是中国西南地区由少数民族的先民建立的第一个国家，夏商时属百濮地。夜郎之名第一次问世，大约是在战国时期，楚襄王（公元前二九八年至公元前二六二年）派“将军庄跃溯沅水，出且兰，以伐夜郎王”，“且兰既克，夜郎又降”。这时，人们方知西南有一夜郎国。后来汉使途经夜郎，夜郎国君与滇王一样提出了“汉与我谁大”的问题。因而世人便以“夜郎自大”喻指人狂妄无知、自负自大。“君梦眇”，可引自唐代梁琼《宿巫山寄远人》中的“感物情怀如旧时，君今渺渺在天涯。”“君梦渺，夜郎邊。”“梦的环境也很渺小，顶多也没超过夜郎国”。“大江东去幾人還”借古喻今，长江水滚滚流向东方，千百年来杰出的人物消逝，就像那一去不复返的波浪。“寰球已覚方圆小”中，

“方圆”可引自《管子·形势解》:“以规矩为方圜则成，以尺寸量长短则得。”“河伯犹歌秋水篇”可参见《庄子·秋水》，喻意很深刻！其中写道：“秋水时至，百川灌河，径流之大，两岸之间，不辨牛马，于是焉河伯欣然自喜，以天下之美为尽在于己。”等到河伯顺流而到达大海之后，见到了大海的辽阔景象，才明白先前自己的自满是多么可笑。不过，河伯的可贵之处在于，当他意识到自己的错误之后，能够及时自我反省。海神就顺承着河伯的意思并启发他逐步超越自己的局限：“井蛙不足以论海者，拘于虚也；夏虫不可语冰者，笃于时也；曲士不可语至道者，束于教也。”道家文化与哲学是中华文化传统最深邃博大的根源之一，以它崇尚自然的精神风骨、包罗万象的广阔胸怀而成为中华文化立足于世界的坚实基础。结尾“寰球已觉方圆小，河伯犹歌秋水篇。”这句词，应该是整首词的中心思想，我父引经据典，苦口婆心地讲明一个道理：人们千万不要无限地膨胀，还嫌自己占的地盘小，还比如区区湖泊之水，觉得自己在陆地上不可一世，一旦汇到大海之中，则渺无身影了，不过此时还能醒悟。

第 18 页

舊梦　1963.4.25

舊梦依稀在未央，又懷烟雨水雲鄉。浙东潮卷風雲起，趁此春随草木长。十里蛙声天外響，一川荷影袖邊香。此情已待成追忆，只是当时費度量。

舊　梦　1963.4.25

舊梦依稀夜未央，生懷煙雨水雲鄉。浙东潮卷風雲怒，越北春随艸木长。十里蛙声天外響，一川荷影袖邊香。此情已待成追忆，只是当时费度量。

这是父亲一九六三年四月写的一首七言诗，从诗的题目“舊梦”可以明显看出，是回顾自己走过的路，进行总结的诗。我在父亲所抄录中的诗词中，见过这首诗几次（见后面的图中父亲手写真迹条幅），可见这首七言诗是父亲一生中自认为很重要的一首。

诗的开头写道，“舊梦依稀夜未央，生懷煙雨水雲鄉”，其中，“夜未央”可引自中国古代第一部诗歌总集《诗经》中的一首诗《小雅·庭燎》:“夜如何其？夜未央，庭燎之光。君子至止，鸾声将将。”意思是说，现在夜色啥时光？夜色还早天未亮。庭中火烛放光芒，诸侯大臣快来到，好像车铃叮当响。“水雲鄉”出自宋代苏轼《南歌子·别润守许仲涂》:“窈窕高明玉，风流郑季庄。一时分散水云乡，惟有落花芳草、断人肠。”苏轼的该词上半阕写作者参加宴会，宴会结束后大雁南飞，下半阕描写二妓的风流云散，衬托出离别的悲伤。词中运用多种手法来抒发作者离别的悲伤之情。“水雲鄉”就是指江南水乡。“烟雨”出自南朝鲍照《观漏赋》中的，“聊弭志以高歌，顺烟雨而沉逸。”烟雨就是像烟雾那样的细雨。父亲这两句诗连起来，是表达自己经常在夜色未消晨光即将来临之际，怀念连绵细雨的江南水乡。“浙东潮卷風雲怒，越北春随艸木长。”中的“浙东”指浙江的东部沿海。众所周知，钱塘江大潮是举世闻名的雄伟奇观！从每年农历八月十六至八月十八是潮水鼎盛时期，人们只见当潮远远从海口涌起的时候，很像一条银色的白线涌动，自东向西奔向海岸边，声音如同雷霆万钧之势，真是类似卷风云怒之不可阻挡；“越”指越国，主要包括今浙江大部分和江西一部分，“越北”是其北部。“春随艸木长”，可引自宋代曾丰《触目》中的“春随草木高低到，气并乾坤里外通。反顾有吾即无物，卓然独立太虚中。”意思是说，春随草木低到高，气并乾坤里外通。回头有我就没有东西，卓然独立太空中。我父引经据典的意思是，进一步表明，烟雨江南不光是风景秀丽，在自然界还蕴藏着雷霆万钧之势，而且从南到北，在广大的人民中间，存在着如同春天般的草木节节向上的蓬勃生气。“十里蛙声天外響，一川荷影袖邊香。”中，“十里蛙声”，出自清朝查慎行《次实君溪边步月韵》中的，“萤火一星沿岸草，蛙声十里出山泉。新诗未必能谐俗，解事人稀莫浪传。”意思是说，虽然只有一只萤火虫，但它仍像一颗星星在草滩上可见。尽管青蛙的叫声在十里之外，但仍透过山泉传递了过来。新诗可能不符合世俗思想，理解的人并不多，就不要随意乱传了。“一川荷影”，可引自宋代曾巩《西湖二首・其二》中的“湖面平随苇岸长，碧天垂影入清光。一川风露荷花晓，六月蓬瀛燕坐凉。”意思是说，湖面平坦，长长的岸上长着芦苇丛。碧色的天空把影子投入清澈的湖里。河上是起风还是下露水荷花都知道，六月时节，燕子在这如蓬莱仙境之处乘凉。我父的意思是说，尽管十里外的蛙声很容易听到，就像一条河流的荷花影至人们的袖边可闻其香那样，可是为什么却听而不闻，视而不见！

七言诗最后一句，“此情已待成追忆，只是当时费度量。”引自唐代李商隐《锦瑟》中的“此情可待成追忆，只是当时已惘然。”意思是说，当年华老去，晓梦醒来，剩下的只有梦碎。这似乎是李商隐与生俱来的悲观。“费度量”，可引自《史记·范雎蔡泽列传》：“平权衡，正度量，调轻重。”但是，我父没有李商隐那么悲观，而是认真地检讨自己，“此情以待成追忆”，中国革命的是客观存在的，也是历史发展的必然结果，这也只能成为自己的追忆来总结了，其根本原因之一是政治上的彷徨，二十世纪三十年代，父亲考上了国民党中央政治学校大学部，毕业后，先后被分配到国民党军、政和群众团体，多从事期刊杂志编辑工作。我从客观分析，还有一种原因，父亲十分喜爱江南水乡，江南也是我国历史上，诗词大家尽出的沃土；二是，尽管对国民党的腐败和不抵抗日本侵略者的本质越来越清楚，这从前面的以记事形式所写诗词中可以清晰地看出，父亲虽未脱离其阵营，却是积极主张抗日的，曾在湖南长沙参与《今天十日刊》出版，而且，还对自己在汪伪政府中的同学进行劝说工作，但是终究没有毅然脱离国民党，“只是当时费度量”这是该七言诗的中心思想。直到一九四八年，国民党蒋家王朝濒临崩溃之时，父亲由老同学，也是他在南京国立编译馆的顶头上司杨宪益先生的介绍下才加入中国国民革命委员会南京分会，邵恒秋（解放后曾任中央民革常委）是杨宪益先生入民革的介绍人。一九五〇年，父亲被调入北京华北革命大学学习，是中国共产党领导的新中国彻底结束了父亲解放前的“费度量”。

高高罗馬寺白鴿積雪片片惜春心瓦無灯射影十二闌干疑是使徒琴風傳舊事細思量意遠情深愛近吟平安夜曲火

炬報佳音　沈沈含青玉樹吐穗琪花正月迷夢挽又問誰愁盈北極周洒幽衿偏心只是千秋忍十字恨青史誰尋 [illegible]

[illegible] 孤負了人間聖主來臨 右一九四二年聖誕節作于永安 [illegible]

記七十二沽流處花落風灯影摇亭宇笙歌煙波輕舟明月載風流袖紅香鬢相對譯雪萊的夢醒漓江邊思往事　遠行吟天涯

尺咫淮宇北門户離離禾黍情誰寫放翁詩賦飄零廿載污琴書念潼府呢喃喜洽是南疆雄心化入片風煙雨 [illegible]

落日餘輝紅葉裡點點秋心不辭相思意望斷天涯咫尺寒煙籠住離人間　雁影長留人在外淮寄叢殘又落不少欲搖

點秋瀾人未睡月華如潑風如水 右蝶戀花一九四二年作于永安

何處傳來讀書聲一城春色半城灯溪前楊柳牽心緒門外錢塘點眼青　思往事愛今生倦眸猶共月爭明一書一報真朋友開言

閒語六弟兄 [illegible]

舊夢依稀夜未央生怕煙雨水雲鄉斷東風卷風雲起城北春隨草木長十里蛙聲天外響一川荷影袖邊香此情已待成追憶只

是當時費度量 右舊夢一首一九六三年作

寒露凝眸斜陽射影心闌珊伏展困春上眉梢問賢好黃淮者無涯楓葉紅含紫闌晚晴底事愁餘似這般秋也渾如人也真如

吟遍不怕西風君怕夜寶夢管人老衰爐雨打風翻黃花瘦比禪羅落影之上求其本子非子乎也非魚似那般秋在氣無人在煙

燕十三年新蕊對比用夢窗十樂樓原韵高陽台詞

上图为我保留的父亲诗词手稿真迹，经过诗画社的装裱，成为住宅中宝贵的字画条幅，挂在墙上。从条幅中可见，共写有五首：第一首，一九四二年圣诞节的写于永安《渡江云》；第二首，一九四三年写于永安的《长亭怨慢》；第三首，一九五八年写于天津的《鹧鸪天》；第四首，就是前面刚刚解译的，一九六三年写于天津的《舊梦》；第五首，一九八一年，写于天津的《高阳台》，反映了父亲对文革前后的认知和感慨。看来这五首词凝练了父亲一生中非常重要的记事和思想。

（五）二十世纪七十年代

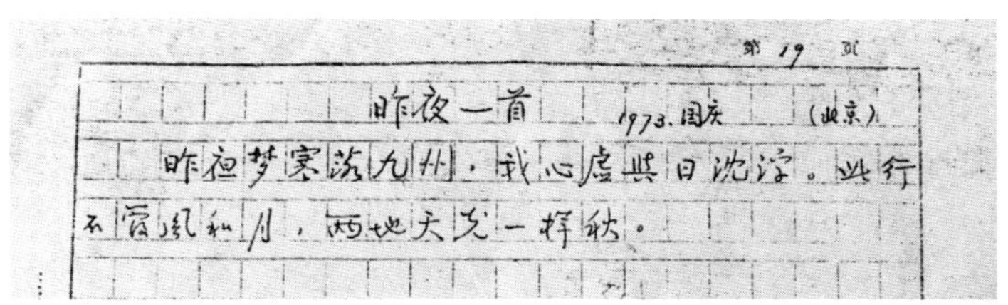
第19页
昨夜一首 1973.国庆 （北京）
昨夜梦寒落九州，我心虚與日沈浮。此行不管風和月，两地天光一样秋。

昨夜一首 1973. 国庆 （北京）

昨夜梦寒落九州，我心虚與日沈浮。此行不管風和月，两地天光一样秋。

这是父亲的一首七言诗，一九七三年国庆时写于北京。当时我父从天津南郊“五七”干校解放出来，首次赴京，到底是什么由头，也无从考察了。

《昨夜一首》诗的开头写道，“昨夜梦寒落九州”，关于

“梦寒”可有几种解释：一种解释为，“寒”顾名思义指冷和凉，后延伸为贫困、害怕等意；另一种解释，引自宋代郑刚中《夜宿长安闸口》中的“天寒云气阴，地阔江岸敞。鼓动风势狂，掀簸浪头长。单绳缆扁舟，避雨宿深港。上有阿兰若，危铃作孤响。一夜魂梦寒，乡国劳远想。”显然我父诗中的梦是寒冷的。“我心虚与日沉浮”，“心虚”可有几种解释：一种是内心空明而无成见或谦虚而不自满，陈毅的《赣南游击词》：“休玩笑，耳语声放低。林外难免无敌探，前回咳嗽泄军机。纠偏要心虚。”；另一种是胆怯的意思，陈登科《赤龙与丹凤》十三：“你笑什么？笑也掩饰不了你心虚。你是被我击中要害了！”。“与日沉浮”，此处可理解为与时间一起共进退。“昨夜梦寒落九州，我心虚與日沈浮。”这句连起来，可真实地反映，我父在经过“文革”劫难之后，心情自信而不自悲，依旧同往常一样度时光。“此行不管風和月”，可引自宋代欧阳修《玉楼春·尊前拟把归期说》中的“尊前拟把归期说，欲语春容先惨咽，人生自是有痴情，此恨不关风与月。”意思是说，践行的酒席前就想把归期说定，一杯心切情切，欲说时佳人无语滴泪，如春风妩媚的娇容，先自凄凉低咽。人生自是有情，情到深处痴绝，这凄凄别恨不关涉楼头的清风与中天的明月。我父的意思也很清楚，此次北京之行，没有任何顾虑。诗的最后，“两地天光一样秋”可引自宋代袁宏德的《留别贵州父老》中的“蛮烟岭树斜阳路，两地离怀一样秋。”意思是说，荒凉的山岭里只有树和斜阳下的路，虽然分别两地，但离人的思绪里想的是同样的秋天。我父引经据典写这诗句，显然同我国国内形势有关，父亲这次北京之行，深深地感觉到形势的好转，写下了非常贴切的诗句“两地天光一样秋。”这也是该诗的中心思想，表明对我党文革后，扭转全国各个方面情况的决心和结果，充满信心。

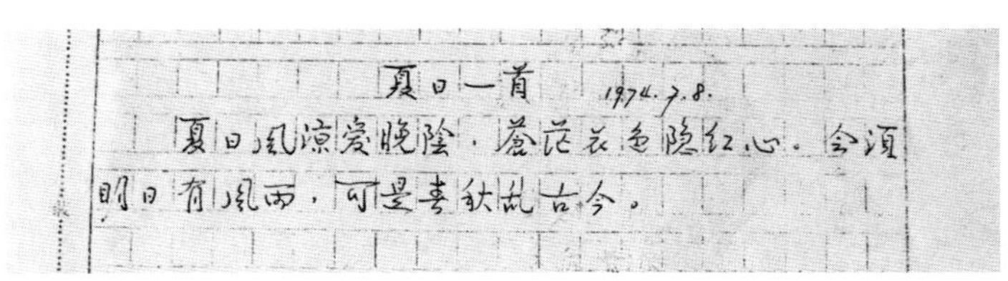

夏日一首 1974.7.8

夏日風涼爱晚陰，蒼茫花色隐红心。会須明日有風雨，可是春秋乱古今。

解放后，我父的七言诗相对比较多了。这是写于天津一九七四年七月八日的一首题目为《夏日一首》的七言诗。

诗的开头写道，“夏日風涼爱晚陰”，我父的这首《夏日一首》，很可能受到寇准《夏日晚凉》的启发，表明父亲非常喜爱历史上爱民且有文才的诗词大家；“爱晚”，是指位于长沙湘江西岸岳麓山的“爱晚亭”，爱晚亭是清朝湖广总督的毕沅，根据唐代诗人杜牧“远上寒山石径斜，白云深处有人家。停车坐爱枫林晚，霜叶红于二月花”（《山行》）的诗句，而改名的。父亲引经据典，写出了“夏日風涼爱晚陰”的诗句，也说出了人们经常在炎热夏天的感受。下联“蒼茫花色隐红心”可引自宋代陆游《春晓》中的诗句：“烟迷芳草苍茫色，鹊占高枝嘎喈声。老病自怜犹嗜学，诵书家塾羡诸生。”意思是说，云气遮住芳草一片模糊的景象，喜鹊站在高枝上大声叫着。可怜我年纪大了疾病缠身，即便这样依然爱学习，羡慕在家塾中诵读读书的诸生，我父引经据典，点明了这首七言诗的一个重要主题：在夜色苍茫的花丛中，隐约的红心十分可贵，也表明我父坚决追随中国共产党的领导。“会须明日有風雨”可出自明代佚名《晏子答梁丘据》中的“每有风雨，暮夜求，必存吾，是以知其爱也。”意思是说，每每刮风下雨，夜间找他，他一定关心我，因此我知道他爱护我。父亲引经据典是在告知，凭他多年的经验，明日（或一段时间后）会有政治风雨出现的，然后，我父毫不犹豫地指出“可是春秋乱古今。”其中的“乱”字，是指作乱。“会须明日有風雨，可是春秋乱古今。”是我父该诗的另一个主题思想，要谨防有人制造像春秋战国分崩离析一样的国内政治动乱。

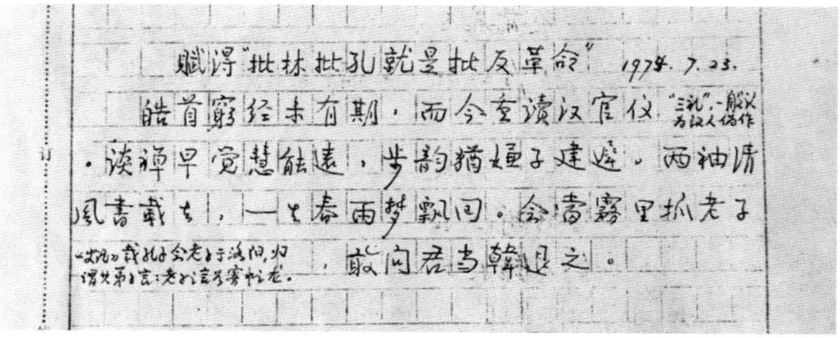

赋得“批林批孔就是批反革命” 1974.7.23

皓首窮经未有期，而今重讀汉官仪“三礼”，一般认为汉人伪作。谈禅早觉慧能遠，步韵猶嫌子建遲。两袖清風書載去，一生春雨梦飄回。会當霧里抓老子，《史记》载孔子会老子于洛阳，归谓其弟子言：老子之言如雾中之龙。，敢问君当韓退之。

这是父亲写于一九七四年七月廿三日的一首七言诗，从诗的题目《赋得“批林批孔就是批反革命”》可以明显看出，我父是反对这个政治口号和政治运动的，从该诗通篇内容可以看出，至少是反对“批孔就是批反革命”，因为加了引号了。

诗的开头写道，“皓首窮经未有期”，其中，“皓首窮经”是一句成语，意思是说，直到年老白头还在钻研经籍。形容勤勉好学，至老不倦。表明我父一辈子坚持钻研古文诗词，从没时间限制。引自《三国演义》第四三回：“若夫小人之儒，惟务雕虫，专工翰墨；青春作赋，皓首穷经；笔下虽有千言，胸中实无一策。”“而今重讀汉官仪”出自宋代杨亿《闻北师克捷喜而成咏》中的诗句“辽阳诸父老，重睹汉官仪。”父亲还特地在该句的后面加上小注，“‘三礼’，一般认为汉人伪作。”“三礼”，是指《周礼》《仪礼》和《礼记》。《周礼》这部书搜集了周王朝及各诸侯国官制及制度，以儒家的政治理想加以增减取舍汇编而成。《仪礼》一书的内容主要是冠、昏、丧、祭、朝、聘、燕等典礼的详细仪式，阐述了春秋战国时期士大夫阶层一种有等差的人伦礼仪。《礼记》的内容主要是记载和论述先秦的礼制、礼仪，解释《仪礼》，记录孔子和弟子等的问答，记述修身做人的准则。我父引出“三礼”，特别是其中的《礼记》和《仪礼》，明显是重申孔子修身做人的准则，是历史真实的记载，是人们抵抗外侵的重要精神食粮，不可毋的。“谈禅早觉慧能遠”中的“慧能”，指慧能和尚。我父进一步写道，“步韵猶嫌子建遲。”其中，“步韵”，可引自清代吴乔《答万季埜诗问》：“和诗之体不一……用其韵而次第不同者，谓之用韵；依其次第者，谓之步韵。”还可引自鲁迅《且介亭杂文·病后杂谈》:“这个艳传，那个步韵，比对于华屋丘墟，生民涂炭之惨的大事情还起劲。”古人将“步韵”，称之为“次韵”，是和诗的一种方式，不仅使用被和诗作的韵，还必须用被和诗作韵脚上的那几个字，并且韵字的先后次序都要和被和诗作一样，这就是步韵，是步步跟随之意。步韵诗因为要步原韵韵脚，所以写来难度很大。“子健”是曹操给曹植取的字，是因为曹操希望曹植能有所建树，所以就叫曹子建。我父之所以写这句诗，是有很深含义的。众所周知，《七步诗》是三国时期魏国诗人曹植的一首诗。这首诗用同根而生的萁和豆来比喻同父共母的兄弟，用萁煎其豆来比喻同胞哥哥曹丕残害弟弟，表达了对曹丕的强烈不满“步韵猶嫌子建遲”是说，曹植的七步诗“步韵”已经非常快了，可是还有人别有用心嫌他迟。我父这句诗的政治寓意，是不言而喻的！“两袖清風書載去”中，“两袖清风”可引自清代李伯元《文明小史》第十二回，“他自己做了几十年的官，依然是两袖清风。”我父此句诗是形容他的老师兼好友吴宓先生。本诗的后记中写道：“江青一伙让吴宓写批林批孔的文章，吴说：‘我只批林，不批孔。否定了孔子，就是否定了中国的传统文化。’”表现了吴宓先生热爱祖国文化、刚正不阿的硬骨头精神。“两袖清风書載去”表明我父对吴宓先生的最高评价。“一生春雨梦飘回”《春雨》这首诗的标题，借助飘洒迷朦的春雨，抒发怅念远方恋人的情绪。我父借古喻今，表明自己在梦中思念自己一生的老师和挚友吴宓先生的心情。

“会當霧里抓老子”这句诗很有讽刺意味。有据可查，南宫敬叔做了孔子的弟子以后，曾向鲁昭公建议派他和孔子一块到周的京城洛阳去观光。鲁昭公答应了，便给他们一辆车子、两匹马，还派了一个仆人，打发他们到洛阳去。老子比孔子年纪大得多，经验阅历也丰富得多，他所接触的文物史料也远比孔子这时所已接触到的广博得多。因此，这一次会见，对孔子是极其有益的。孔子向老子请教了很多东西。甚至就是孔子所熟悉的礼数方面，老子也比他懂得多。孔子回到鲁国，见到自己的弟子，还不住地赞美老子说："鸟，我知道它会飞，可是会飞的还常被人射下来。鱼，我知道它会游水，可是会游水的还常被人钓起来。兽，我知道它会跑，可是会跑的还常落了网。只有一种东西，我们不能控制它，它爱云里来就云里来，它爱风里去就风里去，它爱上天就上天，这就是传说中的龙。我没法捉摸老子这个人，老子就像龙一样吧。这就是我父在诗后小注中要说明的含义，意思说，老子像龙一样，何况孔子乎？孔子和老子早已深入人心之中。我父该诗的最后写道，"敢问君当韓退之。"这句诗仍是很有寓意的。韩退之，是指韩愈，字退之，河南河阳（今河南省孟州市）人，自称"郡望昌黎"，世称"韩昌黎""昌黎先生"，唐代中期官员，文学家、思想家、哲学家。北宋的大诗人苏轼极其推崇韩愈，他在《潮州韩文公庙碑》中评价道："文起八代之衰，而道济天下之溺；忠犯人主之怒，而勇夺三军之帅。"

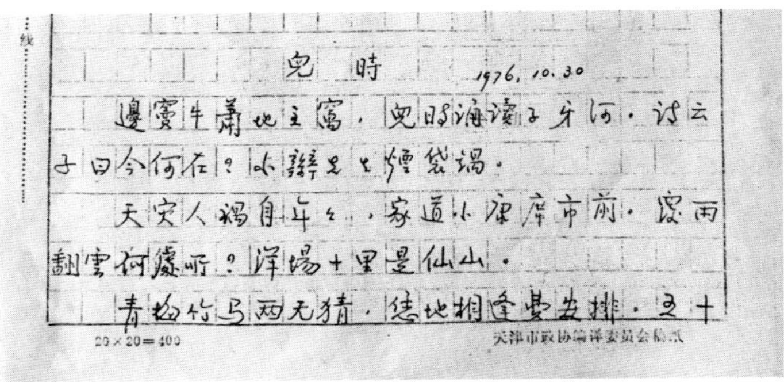

兒時 1976.10.30

邊竇牛蕭地主窩，兒時誦讀子牙河，詩云子曰今何在？小辮先生煙袋鍋。

天灾人禍自年年，家道小康席市前，覆雨翻雲何處所？洋場十里是仙山。

青梅竹马两无猜，恁地相逢费安排，五十

20×20＝400 天津市政协编译委员会稿纸

第 20 页

年来渾似昨，《红廔》讀罷两三回。

二更之后三更初，十字街頭樹影疎，灯火微明无月夜，爱听又怕说鬼狐。

禪诗胡同说高唐，八月乡都风川乡，莫道流氓欺任侠，邯郸依舊梦黄粱。

兒　時 1976.10.30

邊竇牛蕭地主窩，兒时诵讀子牙河，诗云子曰今何在？小辮先生煙袋鍋。

天灾人祸自年年，家道小康席市前，覆雨翻雲何處所？洋場十里是仙山。

青梅竹马两无猜，恁地相逢费安排。五十年來渾似昨，《红廔》讀罷两三回。

二更之后三更初，十字街頭樹影疎。灯火微明无月夜，爱听又怕说鬼狐。

裤裆胡同说高唐，八月乡邨風月乡。莫道流氓欺任侠，邯郸依舊梦黄粱。

这是父亲的一首五段七言诗，题目为《兒時》，写于一九七六年十月三十日，正好是文革中祸国殃民的“四人帮”倒台（一九七六年十月六日）不到一个月的时间。

诗的第一段开头写道，“邊竇（dòu）牛簫地主窩”，父亲的意思是说，自己从小生长在地主家庭（而且是没落的），靠着水渠（“邊竇”）时而听到牧童吹箫牛涉水（“牛簫”）的声音。前面父亲在《长亭怨慢》中曾谈到“记七十二沽流處”，这首诗中，又进一步提到儿时在子牙河旁读小学（“兒时诵讀子牙河”）。子牙河，海河支流，又名盐河、沿河，位于大清河与漳卫南运河之间，由滹沱河和滏阳河两大支流及滏阳新河、子牙新河两条分洪河道组成，在献县臧家桥（一九六七年子牙新河开挖后，新、老子牙河均以献县枢纽为起点）汇合后称子牙河。“诗云子曰今何在？”其中，“诗云子曰”是句成语，意思是说，《诗经》所说和孔子所言。二者均为历代儒者遵奉的信条，因此用以泛指儒家言论或经典著作。“今何在？”有两层含义，一是质问，另一层意思非常清晰地指出，我国优良的儒家传统文化和著作不还是客观存在吗？你们“四人帮”不是蚍蜉撼树吗？！“小辮先生煙袋鍋”中，“小辮先生”是茅盾先生的雅称。这一雅称的由来有两说：一说茅盾先生幼年时学习勤奋，文章写得好，老师经常在他的文章精彩处画上一个个红圈，好像一串串“辫子”；二说茅盾先生在撰写文章时总是不断地修改，以至文稿上遍布删节和添加文字的痕迹，也像一串串的“辫子”。

就说《子夜》，其标题茅盾先生也是几番修改，从近黄昏的“夕阳”，改到黎明即将到来的“子夜”。“煙袋锅”，也可理解为中国的老汉们，抽烟袋锅的大有人在。我父也是在回答自己的前问，尽管“四人帮”的到处打压，而我国的优秀文学作品和多年的风俗，不都客观在吗？

第二段开头写道，“天灾人祸自年年。”鲁迅先生《书信集·致台静农》中写道：“但仆生长危邦，年逾大衍，天灾人祸，所见多矣。”我父意思是说，天灾人祸年年有的。“家道小康席市前”中，“家道小康”是指家境为中等水平，经济比较宽裕，“席世前”是说从他们所办的酒席前就可知一二了。“覆雨翻雲何處所？”中，“覆雨翻雲”出自唐代杜甫《贫交行》中的“翻手作云覆手雨，纷纷轻薄何须数。”意思是说，有的人交友就像云雨一样反复无常，轻薄之辈却纷纷追随这种交友之道，无法计数。“何處所”可出自《宋书·沈文秀传》：“今天下已定，四方宁壹，卿独守穷城，何所归奉？”意思是说，“如今天下已经平定，四方安定统一，您独自死守（一座）危城，（您到底是想）侍奉谁呢？”“洋場十里是仙山”中，众所周知，“洋場十里”形容旧时的上海；而“仙山”可理解为仙人居住的山，出自唐代刘禹锡《三乡驿楼伏睹玄宗望女几山诗，小臣斐然有感》诗：“三乡陌上望仙山，归作《霓裳羽衣曲》。”“覆雨翻雲何處所？洋場十里是仙山。”这两句连起来，可理解为，解放前，上海不正是玩弄手段之人所在的“仙山”吗？！与第一段相比，我父这一段是在描写中产阶级以上人家的生活方式，以及他们大都聚焦在什么地方。从中可以看出我父对其青少年时代中国社会经济状况的总体看法。

诗的第三段开头写道，“青梅竹马两无猜，”“青梅竹马”出自唐代李白的五言诗《长干行》该诗描写一位女子思夫心切，愿从住地跋涉数百里，到长风沙迎接丈夫，诗的开头回忆他们从小在一起亲昵地嬉戏的情景：“郎骑竹马来，绕床弄青梅，同居长千里，两小无嫌猜。”。后来人们就用“青梅竹马”和“两小无猜”来表明男女儿童天真纯洁的感情。“恁（nèn）地相逢费安排。”其中，“恁地”，俗语可有两种解释，一种是“如此”“这样”，如《水浒传》第一回中写道：“既然恁地，依著你说，明日绝早上山。”还有一种是“怎样”“怎么”，《京本通俗小说》中《碾玉观音》篇写道：“崔宁认得像是秀秀的声音，赶将来又不知恁地，心下好生疑惑。”我父的意思是说小时候“青梅竹马”蛮好的，但是，到了人长大了，如果分在两地，那可真费工夫来安排重逢的事情啦。“五十年来浑似昨，《红廔》讀罷两三回。”意思是说，五十年后，“青梅竹马两无猜”好似昨日的情景，可惜为虚幻，正如“《红廔》讀罷两三回”，只能在书中品味男女之间的天真和纯洁感情了。我想，这段诗句，是父亲的一种泛指，没有特定的意义（也包括他自己）。这也算是《兒时》中的一种十分遗憾的事情了。

诗的第四段开头，这样写道，“二更之后三更初，十字街頭樹影踈。”其中，“十字街”是父亲出生的静海县城大十字街的简称；“樹影踈”，出自宋代夏竦（sǒng）《秋日送人西上》中的诗句：“旅程看驿道，西去兴何如。南国秋霖后，斜阳树影疏。”意思是说，在旅程中观察向西的驿道怎么样。南方的一场秋雨后，夕阳西下，树影稀疏（“踈”与“疏”同音同意）。我父显然是在讲他儿时的经历，那时在二更之后三更初，人们熟睡之际，静海县城大十字街头往往树影稀疏，空荡荡的好渗人啊！“灯火微明无月夜”中，“灯火微明”可引自宋代苏轼《水调歌头》中的诗句“昵昵儿女语，灯火夜微明。”意思是说，仿佛静夜微弱的灯光下，一对青年男女在亲昵地切切私语，谈爱说恨，卿卿我我，往复不已。“爱听又怕说鬼狐”是说小时候，孩子们都愿意让大人讲故事，有时偏偏愿听鬼的故事，但是，到了晚间又怕说鬼狐，万一撞见呢（这是心理作祟）。我父把孩童时代的共同心理特征，用两句诗勾画的十分清晰！

诗的第五段开头写道，“褲裆胡同说高唐。”据历史资料显示，天津老城东西长三里，南北长一里半，共九里十三步，俯视看上去像一个算盘。自明永乐二年（一四〇四年）始建，到清光绪二十七年（一九〇一年）被八国联军拆除，天津人与城共处 497 年。因为有了城，天津分出了城里城外，辨出了南北东西。城里许多曲曲弯弯的小胡同如蜘蛛网缠绕密布，老天津还有两条裤裆胡同：一在北门西北侧，一在城内二道街中段。“说高唐”出自元代张可久的散曲《折桂令·秋思》，“想像高唐，萦损柔肠，梦见才郎。”“高唐”意思是指男女幽会的地方。接着写道，“八月乡邨（cūn）風月乡。”意思是八月的乡村是名副其实的风月乡，是适合人们谈情说爱的时候。我父的诗锋陡转，“莫道流氓欺任侠，”千万别说流氓把仗义的大侠欺负了，“邯郸依舊梦黄粱。”（引自宋王安石《中年》中的“中年许国邯郸梦，晚岁还家圹埌游。”邯郸梦，指不可能实现的梦，属贬义词。）那么这种美好的约会，变成了黄粱美梦啦。就这样结束了第五段的诗文。

这首诗通篇表达了我父对儿时天津的美好回忆，痛批“四人帮”阴谋搞垮中国优秀的传统文化的罪行；也明显调侃民间风俗，表达男女之间美好的情景往往容易遭到破坏；同时，也无情地揭露了解放前人们生活状况的两极分化。

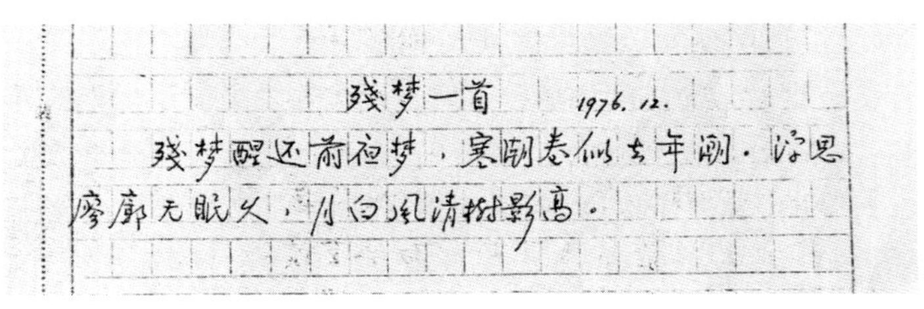

殘梦一首 1976.12

殘梦醒还前夜梦，寒潮卷似去年潮。浮思廖廓无眠火，月白風清樹影高。

这是父亲一九七六年十二月写于天津的又一首七言诗，题目为《殘梦一首》，诗的开头这样写道，“残梦醒还前夜梦”，出自宋代赵彦端《垂丝钓》中的诗句，“莫愁有信。全胜春梦无准。篆缕欲销，衣粉堪认。残梦醒。枕夜凉满鬓。”意思是说，不要害怕有信来，有信比春梦好，因为春梦的内容未必准确。（梦中）香炉里的烟袅袅上升，如篆字和线，透过香烟，勉强认出穿粉色衣服的人。这个梦做得零乱不全，醒来时，枕上只有自己一人，鬓边只有夜晚的凉意。“寒潮卷似去年潮。”出自宋代谢懋（mào）《洞仙歌（春雨）》中的诗句，“关情潜入夜，斜湿帘栊，几处挑灯耿无寐。念阳台、当日事，好伴云来，因个甚、不入襄王梦里。便添起、寒潮卷长江，又恐是离人，断肠清泪。”意思是说，春雨牵动我的情绪，它潜入夜里，打湿了窗帘，屋里点亮了几处灯盏，一片明亮，我毫无睡意，想到那天与情人欢会的情景。为什么你不再与我相见了呢？外面的起了动静，也许是寒潮卷起了长江水，又恐怕是离别的人洒下悲伤的泪水。“殘梦醒还前夜梦，寒潮卷似去年潮。”连起来是对《残梦一首》背景非常简洁的描述，直意是说，残梦虽醒还是先前的梦，寒潮卷起很类似去年的寒潮，寓意回想起去年全国人民反对“四人帮”的浪潮不断卷起，风起云涌。“浮思廖廓无眠火”，其中，“浮思”，古代是指宫门外或城角的屏，用以守望和防御，所以可以解释为防御、城角或看守瞭望与等待盼望等意义。“廖廓”可指高远空旷，可引自《素问·天元纪大论》中的“太虚廖廓，肇基化元。”或者指天空，可见清代姚鼐《复鲁絜非书》中的“(其文)如鸿鹄之鸣而入廖廓”。“无眠”，可引自宋代虞俦《无眠》中的诗句，“蛩吟砌下岂知时，我亦无眠有所思。”意思是说，在台阶下吟唱的蟋蟀怎么会知道时间，我也睡不着，心中有所思。“月白風清樹影高。”其中，“月白风清”，是形容美好的月夜的；“树影高”，可引自宋代辛弃疾《清平乐(谢叔良惠木樨)》中的诗句，“少年痛饮。忆向吴江醒。明月团圆高树影。”意思是说，记得少年时曾在吴江边痛饮一回，醒来时看见一轮明月，照在树上投入长长的影子。“浮思廖廓无眠火，月白風清樹影高。”我父意思是说，无边的思绪涌动，无法入睡，心中急躁，但是遇见美好的月夜，显得树影很高时，一切化为乌有！

我父通过《残梦一首》前后两联的对比，既发出了对“四人帮”横行时的愤懑之情，也淋漓尽致地抒发了全党、全国人民打到“四人帮”后，无数“无眠火”被“月白風清樹影高”化得无影无踪了的心情！

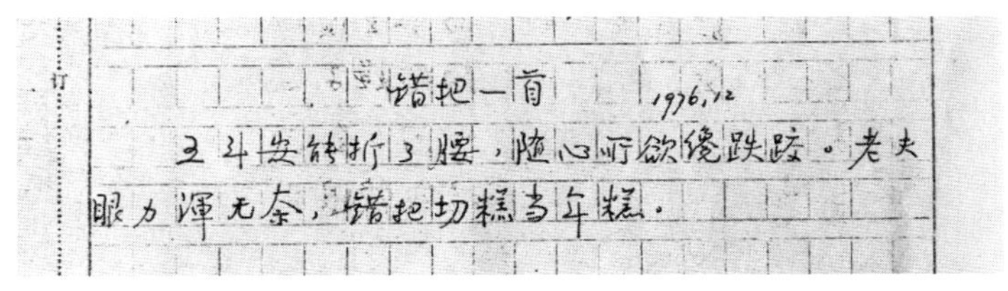
错把一首 1976.12
五斗安能折了腰，随心所欲纔跌跤。老夫眼力渾无奈，错把切糕当年糕。

错把一首 1976.12

五斗安能折了腰，随心所欲纔跌跤。老夫眼力渾无奈，错把切糕当年糕。

这首七言诗写于天津，与上一首《残梦一首》写的时间非常相近，也是一九七六年十二月，题目为《错把一首》。

诗的开头这样写道，“五斗安能折了腰”，出自《晋书·陶潜传》。晋代陶渊明任彭泽县令时，不愿为微薄的俸禄而屈就于他人，他道：“吾不能为五斗米折腰，拳拳事乡里小人邪。”意思是说，“我怎能为了县令的五斗米的薪俸，就低声下气去向这些小人贿赂献殷勤。”我父接着写道，“随心所欲纔（cái）跌跤。”“随心所欲”出自《论语·为政》中子曰：“吾十有五而志于学，三十而立，四十而不惑，五十知天命，六十耳顺，七十而从心所欲，不逾矩。”孔子是说，“我十五岁立志学习，三十岁在人生道路上站稳脚跟，四十岁心中不再迷惘，五十岁知道上天给我安排的命运，六十岁听到别人说话就能分辨是非真假，七十岁能随心所欲地说话做事，又不会超越规矩。”我父将这句连起来，“五斗安能折了腰，随心所欲纔跌跤。”连起来，清楚地表达做人的规矩，绝不能为眼前利益（“五斗”）而折腰，绝不能为讨好小人丧失原则，“随心所欲”去干违背规则的事情，那是一定要在政治上跌大跤的！“老夫眼力渾无奈，”其中，可出自宋代方回《西斋秋日杂书五首 · 百间以买屋》中的诗句，“百间以买屋，万卷以买书。书多读不既，屋宽住有余。彼索子钱者，日夜号庭除。勇锐割此物，煎迫姑少纾。老勿费眼力，村墟亦可居。”意思是说，买百间屋舍和万卷书。书多得读不完，屋子大得住起来绰绰有余。那来要钱的人，日夜在庭院里哭叫。下定决心给了钱，逼迫的感觉暂且稍稍缓解。老了就别费眼力看书了，村里的破屋也可以居住。“错把切糕当年糕。”有据可查，天津的“切糕”同新疆的“切糕”是不一样的。后者的学名应该叫做“玛仁糖”，这种食物绝对算得上是历史悠久。在丝绸之路时期，新疆是国内外商队往来的重要交通枢纽，也是很重要的食物补给站。由于商人们都是长途旅行，所携带的食物必须要能长久保存且便于携带而且富含各种营养成分，而玛仁糖真的可以说是完全符合了这种要求。而天津的“切糕”应该是分为黄米小枣和江米（也就是糯米）豆沙两种。天津“年糕”，同全国其他的年糕一样都是传统年节特色食品，可以追溯到北魏贾思勰的《齐民要术》。其制作方法是，将糯米粉用绢罗筛过后，加水、蜜和成硬一点的面团，将枣和栗子等贴在粉团上，用箬叶裹起蒸熟即成。这种糯米糕点颇具中原特色。可以看出，“切糕”与“年糕”的区别在于，食品的盛行时节不尽相同。我父这两句连起来是说，有的人的眼力真令人无计可施，将“切糕”当“年糕”。

父亲的这两联七言诗句，对比起来看，实际上是将“四人帮”横行时期错误的政治观点和态度分为两种：一种，明明知道是错误的，为了蝇头小利和眼前利益，出卖自己的灵魂，低三下四的去迎合，助纣为虐，这是最可恶的；另一种，属政治上的糊涂虫，倚老卖老，“眼力渾无奈”，将错误的当成真理，去吆喝，随帮唱影，尽管如此，这在政治上也是不可取的。我父诙谐地将这两种人写入《错把一首》七言诗中，是有很深的哲理的。

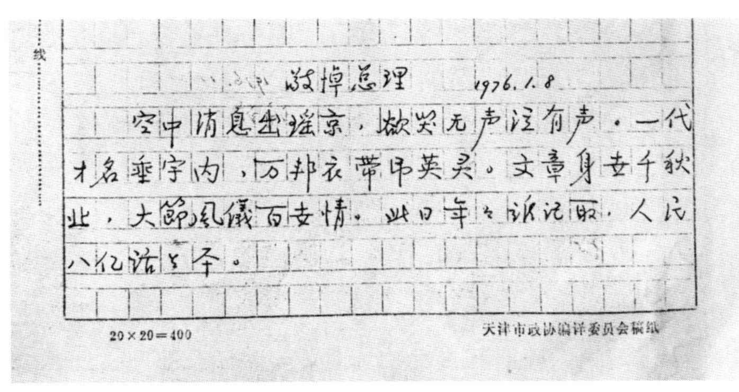
线

敬悼总理 1976.1.8

空中消息出瑶京，欲哭无声泣有声。一代才名垂宇内，万邦衣带吊英灵。文章身世千秋业，大節風儀百世情。此日年年谁记取，人民八亿话生平。

20×20=400　　天津市政协编译委员会稿纸

敬悼总理　1976.1.8

空中消息出瑶京，欲哭无声泣有声。一代才名垂宇内，万邦衣带吊英灵。文章身世千秋业，大節風儀百世情。此日年年谁记取，人民八亿话生平。

一九七六年一月八日，人民的好总理周恩来同志不幸逝世，震惊了全中国人民，也震惊了全世界！我父于天津，当日挥笔写下四联五十六个字的七言诗一首，以悼念人民的公仆好总理的逝世。

诗的开头第一联，这样写道，“空中消息出瑶京”，意思是说，周总理去世的消息从中国首都北京（瑶京）上空，迅速传遍了全国，也传遍了全世界，“欲哭无声泣有声”是说我父同全国人民一样“欲哭无声”，悲痛至极“泣有声”。周总理出殡那天，数十万群众自发来到长安街送别周总理。那个寒冬，来自北京本地以及全国各地的民众绵延排出了十里长队，他们身戴黑纱白花，满脸泪痕与总理告别。

第二联开头写道，“一代才名垂宇内”，指周总理在国内享有崇高的威望，在全世界上也是享有如此盛誉。该联的第二句写道，“万邦衣带吊英灵”（“万邦”引自《尚书·尧典》中的“协和万邦，黎民於变时雍。”以及三国魏曹植《上责躬应诏诗表》：“君临万邦，万邦既化。”“衣带”，引自《古诗十九首·行行重行行》：“相去日已远，衣带日已缓。”）我父用非常简洁的诗句，表明周总理的去世，不仅在中国人民的心中所产生巨大震撼和悲痛，乃至一衣带水的邻邦和世界上其他众多国家的政府和人民都为之英灵吊唁！当时，任联合国秘书长的瓦尔德海姆决定将联合国国旗降半旗，以示对周总理的缅怀之情。要知道自联合国成立以来，许多发达国家的元首都没有享受过此等待遇，更别说一个第三世界国家的总理了。这件事无疑让有些西方国家非常不解。瓦尔德海姆来到了广场前，一番沉思后，他给出了自己降旗的原因：“之所以联合国降旗悼念周恩来总理，这是我个人的决定。原因有二，一是，中国是一个文明古国，有着数不尽的金银财宝，但是他们国家的总理却一分钱的存款也没有。二是，中国有十亿多的人口，是世界上人口最多的国家，但是他们的总理却没有一个孩子。其他各国的元首如果能做到以上两点，也可以赢得我的尊重，获得降旗的殊荣。”说完这些，他转身就离开了。一向言辞犀利的西方外交官们顿时都傻眼了，大家面面相觑，一时间竟不知道要如何表达自己心中的震惊。任谁也没有想到平日里平易近人的周总理，居然这般的伟大。不久，联合国大厦前便响起了雷鸣般的掌声。各国外交官无一不被周总理伟大的人格所折服。一个国家的总理居然没有一分存款，这件事在世界上各国领导人中，是极其罕见的。

诗的第三联开头是“文章身世千秋业”，引自清代吴灏《题徐青藤画》中的诗句：“坎坷清狂一老夫，澜翻墨沈意模糊。文章自有千秋业，无奈寒窗竹影孤。”然而，周总理的“文章身世千秋业”，是历史上任何名家都无可比拟的。该联的结尾写道，“大節風儀百世情。”周恩来总理不仅是中国的好总理，也是一名优秀的外交家，因为他，世界各国领导人不仅记住了这位永远临危不乱、处事不惊、不卑不亢的中国总理，还记住了他背后伟大的中国。美国著名的国务卿基辛格这样回忆周总理：“周恩来是我六十年来的公职生涯中，遇到过最有魅力的人。他个子不高，风度翩翩，目光炯炯，表情丰富。他能以他超人的智慧和能力压倒谈判对手，能凭直觉猜到对方的心理活动。我见到他时，他担任总理已有差不多二十二年，与毛泽东共事已有四十年。他已成为毛泽东与毛泽东为之规划宏图的人民群众之间重要的纽带。他把毛泽东的远大理想化为具体计划。”

该诗的第四联这样写道，“此日年年谁记取，人民八亿话生平。”周总理去世的日子年年被人铭记，有八亿人民谈论他的生平，他永远活在人民心中！

父亲用短短的四联五十六个字的七言诗一首，从一个侧面，把伟大的周总理的丰功伟绩和个人魅力，中国人民和世界人民对他的无限怀念之情，勾画得有一定的高度和深度。

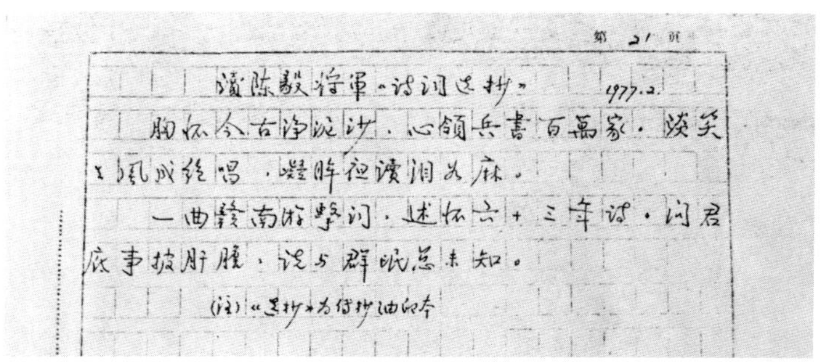
第21页

讀陈毅将軍《诗词选抄》 1977.2

胸怀今古净泥沙，心領兵書百萬家，谈笑生風成绝唱，凝眸夜讀泪如麻。

一曲赣南游擊词，述怀六十三年诗，问君底事披肝膽，说与群氓总未知。

(注)《选抄》为传抄油印本

讀陈毅将軍《诗词选抄》 1977.2

胸怀今古净泥沙，心領兵書百萬家。谈笑生風成绝唱，凝眸夜讀泪如麻。

一曲赣南游擊词，述怀六十三年诗。问君底事披肝膽，说与群氓总未知。

（注）《选抄》为传抄油印本

一九七七年二月，父亲见到社会上流传的陈毅将军《诗词选抄》油印本，很有感触，于天津写下了仍然是四联五十六个字的七言诗一首，缅怀已故的陈毅元帅。

诗开头的第一句这样写道：“胸怀今古净泥沙”。其中，

“胸怀今古”可引自南宋张元千《贺新郎·送胡邦衡待制赴新州》中的诗句：“万里江山知何处？回首对床夜语。雁不到，书城谁与？目尽青天怀今古，肯儿曹恩怨相尔汝！”次诗是在北宋灭亡，士大夫南迁之际，张元千为胡铨送行所作。意思是，万里江山，不知君今夜流落到何处？回忆过去与君对床夜语，畅谈心事，情投意合，这情景已不可再得了。俗话说雁断衡阳，君去的地方连大雁也飞不到，写成了书信又有谁可以托付？我辈都是胸襟广阔，高瞻远瞩之人，我们告别时，看的是整个天下，关注的是古今大事，岂肯像小儿女那样只对彼此的恩恩怨怨关心？“净泥沙”的“净”乃清洁与洁净之意，也指做事干净利索。“心领兵書百萬家。”引自宋代唐庚《会饮尉厅效八仙体》中的“法曹静如不能鸣，胸中自有百万兵。”我父这第一联是形容陈毅将军纵怀今古，雄谋大略，走南闯北，做事干练，是胸中装有百万军队的大将军。

诗的第二联开头这样写道，“谈笑生風成绝唱”，出自宋辛弃疾《念奴娇·赠夏成玉》词中的“遐想后日蛾眉，两山横黛，谈笑风生颊。”我父继续写道，“凝眸夜讀泪如麻。”当我父夜晚一气读完陈毅将军的传抄油印本《诗词选抄》后，两眼模糊泪如麻，怀念那位谈笑风生、心中却拥有百万兵的大将军的音容笑貌，想到他已仙逝五年了（“成绝唱”），感到十分惋惜！

诗的第三联开头写道，“一曲赣南游擊词”，这是指陈毅将军写于一九三六年的《赣南游击词》：“天将晓，队员醒来早。露侵衣被夏犹寒，树间唧唧鸣知了。满身沾野草。天将午，饥肠响如鼓。粮食封锁已三月，囊中存米清可数，野菜和水煮……贼子引狼输禹鼎，大军抗日渡金沙。铁树要开花。”陈毅元帅《赣南游击词》中的诗句记下了中国革命史上一段难忘的史实。一九三四年十月，中央苏区红军主力踏上了漫漫长征路。为了加强苏区的政治、军事领导，中共中央决定成立苏区中央分局，由陈毅等领导。到了一九三五年一月，苏区地域缩小。面对强大的敌人，苏区中央分局决定分九路突围。正是依靠人民群众的支援和掩护，我红军将士才坚持了赣南游击战，夺取了反“清剿”斗争的胜利。正如陈毅同志一九四二年在一封信中指出的：“南方的三年游击战争，也同二万五千里长征一样，证明了中国共产党是一个不可战胜的伟大革命力量。”“述怀六十三年诗”是指父亲拜读了陈毅将军的《赣南游击词》后，再联想到自己一九一四年出生，到一九七七年共六十三年走过的历程和写的诗，好不惭愧啊！

诗的第四联这样写道，“问君底事披肝胆，说与群氓总未知。”（其中，“底事”引自唐刘肃《大唐新语·酷忍》：“天子富有四海，立皇后有何不可，关汝诸人底事，而生异议！”）表达了父亲对陈毅将军极高的评价。

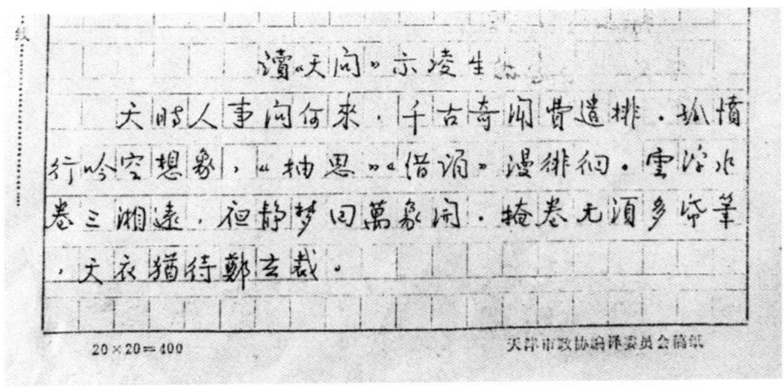

讀《天問》示凌生

天時人事問何來，千古奇聞費遣排，孤憤行吟空想象，《抽思》《惜誦》漫徘徊。雲浮水卷三湘遠，夜静梦回萬象開。掩卷无須多命筆，天衣猶待鄭玄裁。

20×20=400　　天津市政协编译委员会稿纸

讀《天问》示凌生

天时人事问何来，千古奇闻费遣排。孤憤行吟空想象，《抽思》《惜诵》漫徘徊。雲浮水卷三湘遠，夜静梦回萬象開。掩卷无需多枿筆，天衣猶待鄭玄裁。

从父亲的写的“讀《天问》示凌生”诗名可知，这首四联七言诗是在读了战国时期楚国伟大的爱国诗人屈原的代表作《天问》之后，有感而发，且是给凌生看所作。《天问》为屈原被放逐时所作，屈原心中忧愁形容憔悴，仿徨于川泽之间，游荡于在平原丘陵之上。四下游览之后，身体疲惫，于壁画下修养精神，抬头看到所绘图案，于是在墙壁上书写文字，以抒发心中的愤懑之情。该作层层设问，用提问的方式表达自己的观念和价值取向，情理交融，声情并茂，宛如梦笔生花，令人读来兴趣盎然。因此，清代学者刘献庭在《离骚经讲录》中称赞为“千古万古至奇作”。

诗的开头这样写道，“天时人事问何来”。屈原《天问》的第一部分对自然结构提出问题，自首句“日遂古之初”，至“乌焉解羽”，共一百一十二句，六十九个问题，首先对宇宙起源、天体结构和日月星辰运行发问（四十四句，二十七问），接着对大地结构和鲧（gǔn）禹（古人传说是夏禹的父亲）治水、羿射十日等事件发问（六十八句，四十二问）；第二部分对社会历史提出问题，自“禹之力献功”，至“卒无禄”，共计二百四十四句，九十六个问题，首先对禹的婚姻问题，对夏代的历史提出一系列问题；第三部分是尾声，自“薄暮雷电”，至“忠名弥彰”，共计十七句，八个问题，主要联系自己的遭遇，阐述屈原个人的感慨。我父简而言之，化为“天时人事问何来”，接着写道，“千古奇闻费遣排。”其中，“千古奇闻”可谓一句成语，出自好古主人《赵太祖三下南唐》第四十五回：“今朕作主，准赐婚配。花之慈母亦无不俯依之理，况又与前四少将御侄等撮合，如出一辙。更见姻缘相配出于千古奇闻也。”“费”出自《墨子·所染》，可谓“伤形与费神”之意。“遣排”为“排除和遣去”之意，出自宋代史可堂《蓦山溪》中的“如何排遣，赖有高阳徒。”父亲这句连起来，是在替伟大的思想家和爱国者屈原打抱不平，能提出前人之所不能想的著名问题，当权者何以伤行费神地打击和排遣之？公理何在？

诗的第二联这样写道，“孤愤行吟空想象”。其中，“孤愤”出自战国时期韩国韩非子书篇名《孤愤》；“行吟”，是“边走边吟咏”的意思，出自《史记·屈原贾生列传》中的“屈原至江滨，被发行吟泽畔，颜色憔悴，形容枯槁。”我父接着写道“《抽思》《惜诵》漫徘徊。”其中，《抽思》是指屈原的《楚辞》卷四《九章》之四《抽思》，是屈原被疏远后迁离郢都时作的。抽，倾吐、抒写。思，思绪、哀怨。抽思，即把内心深处无限思绪倾吐出来。《抽思》的内容实质是希望有人帮他撮合，重新被楚怀王重用，以实现自己的政治抱负。《惜诵》是屈原作于被谗见疏之初，全用赋体，无它寄托，其言明切。“惜”是痛惜，“诵”是陈述，《惜诵》，即以痛惜的心情来陈述往事，抒发抑郁烦乱、侘傺（chì）失意的忧愤之情，以表达忧愍（mǐn）忠忱之意。我父这句连起来，表达对伟大的诗人和爱国者屈原的同情，屈原孤独愤愤地边走边吟诗句，提出了伟大的问天问地问人事之千古“空想象”，尤其是以《抽思》和《惜诵》为代表，在忠君与愤君思想之间的徘徊，令人惋惜和赞叹！

诗的第三联首句诗，这样写道，“雲浮水卷三湘遠”。其中，“雲浮”可理解为如云之飘散，短暂易逝，出自宋陆游《夜坐》诗之二：“瓦裂热检视，云浮身后名。”“雲浮”还有一种解释，为盛多之意，引自《后汉书·崔骃传》：“方斯之际，处士山积，学者川流，衣裳被宇，冠盖云浮。”“三湘”是指潇湘、资湘和沅湘，泛指湘江流域及洞庭湖地区，出自唐代贾至《巴陵夜别王八员外》中的诗句，“柳絮飞时别洛阳，梅花发后到三湘。”“夜静梦回萬象開。”其中，“梦回”是从梦中醒来之意，出自宋辛弃疾《破阵子·为陈同甫赋壮词以寄之》词：“醉里挑灯看剑，梦回吹角连营。”“萬象”出自唐杜甫《宿白沙驿》诗：“万象皆春气，孤槎自客星。”我父第三联的意思是说，他自己联想到，正是丰富的云水卷向三江之远，也就是伟大的思想家屈原投江的地方，夜深梦醒时刻，宇宙间万象赫然浮现在眼前！我父对屈原的崇敬之情溢于言表！

诗的第四联是这样写的，“掩卷无需多帋筆，天衣猶待鄭玄裁。”其中，“掩卷”的意思是合上书本，多为阅读中有所感触的举动，出自唐李白《翰林读书言怀呈集贤诸学士》诗：“观书散遗帙，探古穷至妙。片言苟会心，掩卷忽而笑。”“鄭玄”，是指东汉末年儒家学者、经学家，能掐会算。郑玄曾入太学攻《京氏易》《公羊春秋》及《三统历》《九章算术》，又从张恭祖学《古文尚书》《周礼》和《左传》等，最后从马融学古文经。有一次马融用混天算法不符，有人说郑玄能演算，果真如此。等郑玄学业完成，辞别回家，郑玄猜到马融会赶来加害于他，便走到桥底下，在水里垫着木板鞋坐着。马融占卜郑玄的踪迹，说，“郑玄在土下、水上，靠着木头，这表明一定是死了。”郑玄终于因此得免一死。我父最后诗句感慨地表达了，令人们感动的历史巨作“无需多帋（zhǐ）筆”，“天衣猶待鄭玄裁”，可能是说，屈原投水而死化为神仙，他的仙衣还是让郑玄来裁吧。

整首诗既表达我父对伟大的思想家和爱国者屈原的崇敬之心，也告诫世人，写出令人难以忘怀的史作，并不一定要纸笔满箩筐！

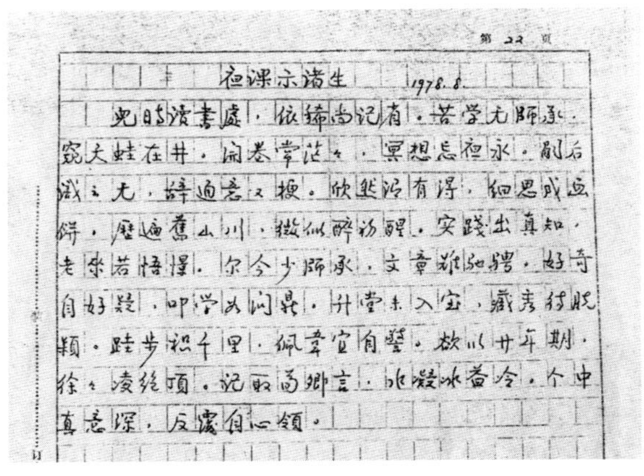

第22页

夜课示诸生 1978.8.

兒時讀書處．依稀尚记省．苦学无師承．窥天蛙在井．開卷常茫茫．冥想忘夜永．嗣后識之无．辞通意又梗．欣然诵有得．细思成画饼．歷遍舊山川．微似醉初醒．实践出真知．老來若悟憬．尔今少師承．文章難驰骋．好奇自好疑．叩学如问鼎．升堂未入室．藏书待脱颖．跬步积千里．佩韦宜自警．欲以廿年期．徐徐凌绝顶．记取荀卿言．水凝冰益冷．个中真意深．反复自心领．

夜课示诸生 1978.8

兒时讀書處，依稀尚记省。苦学无師承，窺天蛙在井。開卷常茫茫，冥想忘夜永。嗣后識之无，辞通意又梗。欣然诵有得，细思成画饼。歷遍舊山川，微似醉初醒。实踐出真知，老來若悟憬。尔今少師承，文章難驰骋。好奇自好疑，叩学如问鼎。升堂未入室，藏秀待脱颖。跬步积千里，佩韦宜自警。欲以廿年期，徐徐凌绝頂。记取荀卿言，水凝冰益冷。个中真意深，反覆自心领。

这是父亲第一首五言诗。自二十世纪七十年代末以来，有些邻居和熟人的孩子，愿意跟父亲学习一些古汉语，我父由此而写题目为《夜课示诸生》诗一首，即，晚间备课时所写。

诗的开头这样写道，“兒时讀書處，依稀尚记省。”表示自己在天津学堂读书时的情景，还记忆犹新。“苦学无師承，窥天蛙在井。”形容自己那时没有名师指点，如同青蛙伏井观天般。“開卷常茫茫，冥想忘夜永。”因为知识的积累太单薄，即使开卷冥思苦想，也记不起什么，即使想起来什么，过夜还忘记了。“嗣后識之无，辞通意又梗。”其中，“嗣后”（以后之意），出自明唐顺之《答俞教谕书》：“嗣后更望时惠尽言，此僕之所汲汲而求也”；“識之无”，可参考《新唐书·白居易传》，相传唐代诗人白居易生下来七个月时，就认得“之”“无”两个字，百试不误，后遂称稍微认得几个字，读过几天书的人为“略识之无”。这句诗是表明父亲自己即使认识了不少的字句，但是，对整个文章则不尽了解，无法融会贯通。“欣然诵有得，细思成画饼。”意思是虽然有时诵的文章很有心得，事后想来并不是真正领会到文章的要领，所谓心得却成画饼。“歷遍舊山川，微似醉初醒。”父亲自一九三四年，考入南京国民党的一所公办大学之后，辗转于长江流域诸省，边工作，边不断刻苦学习，知识积累之势锐不可当，这时，真是处于“微似醉初醒”阶段。“实践出真知，老來若悟憬。”父亲对自己的言行，给予一定的总结，在实践中，老来有所觉悟。但是，话锋也有所转，自我解嘲道“尔今少師承，文章難驰骋。”由于自己是自学，并没有师承哪一个名家，所以，很少有文章驰骋在国内著名刊物上。不过，话又说回来，我父指出，自学的优良方法是“好奇自好疑，叩学如问鼎。”好学之人自然问题很多，学习如同“叩学”，必须具有不把问题搞懂弄通、不达到最高境界绝不罢休的精神。“升堂未入室”出自孔子之口。有一次，孔子说：“仲由弹瑟怎么配在我的门下呢？”孔子的学生们因此瞧不起子路。孔子于是说：“仲由嘛也可以说是升堂了，只是尚未入室罢了。”升，登上，堂指厅堂，室即内室之意，古人称前为堂，后为室，往往比喻学识由浅入深，循序渐进，逐步达到很高的境界。接着，我父写道“藏秀待脱穎。”意思是说，学习逐步达到很高境界之人，往往深藏不露，早晚会脱颖而出的。“跬（kuǐ）步积千里，佩韋宜自警。”其中，“跬步千里”是一句成语，意思是说，走一千里路，是半步半步积累起来的，比喻学习应该有恒心，要坚持下去，不要半途而废，出自《荀子·劝学》；“佩韋宜自警”，出自《韩非子·观行》：“西门豹之性急，故佩韦以自缓；董安于之心缓，故佩弦以自急。”我父这句“跬步积千里，佩韋宜自警。”是在告诫学习之人，行千里路需要始于足下，一步一步积累起来才能到达彼岸，切记欲速则不达之理！“欲以廿年期，徐徐凌绝頂。”我父还给出至少廿年为期，循序渐进，是能够达到相当高度水平之上的。“记取荀卿言，水凝冰益冷。”我父写的“荀卿”是指荀子，战国时期的思想家和教育家，韩非和李斯都是他的学生，他批判和总结了先秦诸子的学术思想，反对天命，提出人定胜天的思想等。“水凝冰益冷”是借用荀卿之典故，荀子《劝学》中有云：“青，取之于蓝，而青于蓝；冰，水为之，而寒于水。”此句是在劝戒人们，广博地学习，并且每天反省自己，那么就能智慧明理，并且行为没有过错。我父在诗的结尾写到，“个中真意深，反覆自心领。”诗中引经据典以及父亲的亲身经历，含义深刻，只待学生们自己反复去领会吧。

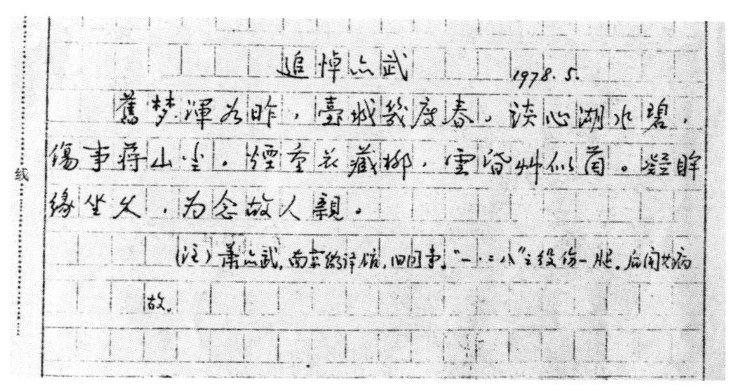
追悼亦武 1978.5
舊梦渾如昨，臺城幾度春。谈心湖水碧，傷事蒋山尘。煙重花藏柳，雲昏艸似茵。凝眸缘坐久，为念故人親。
(注)萧亦武，南京编译馆，旧同事，“一·二八”之役伤一腿，后闻其病故。

追悼亦武 1978.5

舊梦渾如昨，臺城幾度春。谈心湖水碧，傷事蒋山尘。煙重花藏柳，雲昏艸似茵。凝眸缘坐久，为念故人親。

（注）萧亦五，南京编译馆，旧同事。“一·二八”之役伤一腿。后闻其病故。

这是我父写的第二首五言诗，一九七八年五月写于天津，悼念他在南京国立编译馆的同事萧亦五。

诗的开头这样写道，“舊梦浑如昨，臺城幾度春。”我父意思是说，回想起他与萧亦五在一起的日子，就如同昨天一样。唐朝韦庄曾赋诗《台城》一首（“臺城”是指南京市玄武湖旁的旧址），诗中写道，当年台城十里长堤，杨柳曾经是该城繁华景象的点缀，如今，台城已经是“万户前门成野草”的衰败景象。我父不禁触景生情，对老友亦武的去世很悲痛。接着写道，“谈心湖水碧，傷事蒋山尘。”其中，“湖水碧”出自宋代曾巩《送李撰赴学》中的诗句，“湖水碧，槐花黄，山川摇落窗户凉”；“蒋山”，指南京的钟山，又名紫金山。我父回忆与萧亦五谈心于玄武湖水旁，而伤心也在钟山尘土旁（指萧亦五去世于南京）。然而萧亦五，在“煙重花藏柳，雲昏艸似茵”的环境之中“驾鹤西游”。诗的最后写道，“凝眸缘坐久，为念故人親。”表达父亲对萧亦五老友去世的悲痛之心，凝眸回想老友的音容笑貌，久坐而不能平静，于怀念故人之情深！

士聪兄嫂：

多年不见，忽然接到来信，甚为高兴。

老友中不受冲击者很少。你们弄清楚后仍然恢复工作，还是令人高兴的。在南京，还有人至今还在家里，既不宣布退休，也未说到使用，到底怎么回事，搞不清楚。

我在六五年秋因病退休的。五七年犯了个大错误，降了三级。退休时又打了个六折，生活勉强维持而已。这倒不要紧，我最苦恼的是身体病太多，既死不了，也不能让你得痛快。我经常是半年不出一趟门，走不动，天冷就气喘，实在泄气。

你们孩子都已长大，而且个个都入了党，这很使人高兴。我有三个孩子，大的在农村插队，二的是个男孩，正在高一，小的是个女儿，正在初中（男孩）。

你家人不知怎么样，离你有多远。我记得她有个头晕病，现在该好一些了，念念。我妻子在运输公司工作，[illegible]身体也常闹病，不过比我还强多了。

你的病是否好一些了？听友人来信说，宾孟夫妇又出去[illegible]去了，文化大革命中，他们吃了些苦头。听说宾孟中青依旧尚好。

南京这些年变化很大。青萍夫妇仍在原单位教书。今年春节曾来我家坐坐。我也没有精力上她们那里跑。有机会去拜访你们西安，想来她也是去不成的。青萍在文革期间，由于派性关系，另一派硬要揪她，吃了些苦头，但也揪不出什么东西来。后来听说要揪她的是五一六，对这个五一六组织，我实在很迷了，不知怎的。有人各处要揪出的五一六，现在都是大不以（?）了。文化大革命是一场很复杂曲折的运动，很使人糊涂。除了[illegible]

53215

些事情搞不清是怎么搞的。过去我想去看你，还有对每件事都
到后来明白些了总要弄清楚。后来受到太多，也经历太多苦，也就慢
慢习惯了。王健除了看些文汇报和参考外（我这里有他报帮），其他
有些废了吧了。

祝

好　　　　[illegible]

尹东吉 73.11.8.

53215

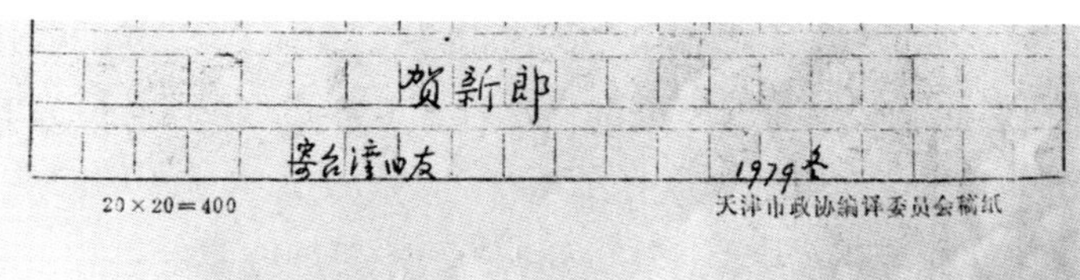

贺新郎

寄台湾旧友 1979冬

20×20＝400 天津市政协编译委员会稿纸

贺新郎

寄台湾旧友 1979 冬

老友平安否？近年问，一衣带水，居家思舊。无可奈何花落去晏殊句，这里河清人寿。问那里，甚般僝僽。鸟倦飞還心两许。一家人，却自雲出岫。谁之過，海左右。　　问君底事还心疚？为子孙，千秋万代，谁是华胄？天涯已自成尺咫，龙蟠虎踞難守。更人笑，神奇腐臭。千里情親常唔對龙川词句，寄鱼書，莫放春潮走，言不尽，紧握手。

这是我父以《贺新郎》为词牌的一首词,《贺新郎》是《金缕曲》又名。该词写于一九七九年冬天的天津。台湾旧友，其中既包括与父亲在南京中央政治学校大学部的同学，也可能包括我父辗转长江流域诸省后去台湾的旧友。

该词上半阕开头这样写道，“老友平安否？”礼貌起见，先问安否。“近年问，一衣带水，居家思舊。”显然是指解放后，三十年来，两岸一衣带水，父亲居家思念往日与老友在一起的旧情。“无可奈何花落去”附引晏殊的诗句，出自《浣溪沙·一曲新词酒一杯》中的“无可奈何花落去，似曾相识燕归来。”我父意思是说，国民党败走台湾已成无法挽回的事实。接着写道，“这里河清人寿。”其中，“河清人寿”是一句成语，古时传说黄河水千年一清，因以之极言人之长寿。出自清代顾贞观《金缕曲·寄吴汉槎宁古塔以词代书》。我父此句表明大陆人民生活发生翻天覆地的变化，人间长寿。“问那里，甚般僝僽（chán zhòu）。”（“僝僽”可解释为愁苦、烦恼。）诗中提问台湾方面，怎么心怀愁苦。“鸟倦飞還心两许。”比喻两岸人民心相许，如同鸟儿远飞累了，还知归巢（大陆）。“一家人，却自雲出岫。”意思是我父回想起台湾旧友，本在大陆共事一场，却如同云从山峰飘浮而过，走向分离。“谁之過，海左右。”的意思是这种两岸分离的状况，能怨东海将两边分开吗？

词的下半阕一开始，我父连连发问，“问君底事还心疚？为子孙，千秋万代，谁是华胄？”这明显是向台湾当局发问，对目前大陆与台湾对立在海峡两岸不心生内疚吗？作为延续了千秋万代的民族，谁是华夏子孙后代？“天涯已自成尺咫，龙蟠虎踞難守。”目前两岸看似近在咫尺，却又分离得很远，究其原因是国民党丢失了龙盘虎踞难守的南京，而不承认现实。“更人笑，神奇腐臭。”是说，更让人笑话的是，蚍蜉撼树反攻大陆不成，思想和行动违背历史潮流。“千里情親常唔對”出自宋代陈亮《贺新郎·怀辛幼安用前韵》的诗句“千里亲情长唔對，妙体本心次骨。”亮世称龙川先生，故有龙川句之称。父亲以此对台湾旧友表达自己的深情，即使千里相隔绝，还是如同常见面那样亲切。“寄鱼書，莫放春潮走，言不尽，紧握手”中，“寄鱼書”，出自《乐府诗集·相和歌辞十三·饮马长城窟行》:“客从远方来，遗我双鲤鱼。呼儿烹鲤鱼，中有尺素书。”后因此称书信为“鱼书”。我父在词的结尾，明确指出，此次寄词以书信，衷心希望台湾旧友莫放走春天的潮汐，勇敢地顺着两岸统一的潮流，乘势而为，一切尽在不言中，紧握手心相通!

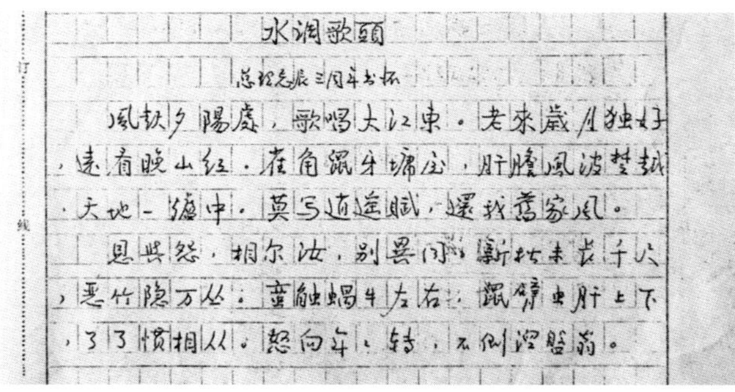

水调歌頭

总理忌辰三周年书怀

風起夕陽處，歌唱大江東。老來歲月独好，遠看晚山红。雀角鼠牙墉屋，肝膽風波楚越，天地一爐中。

莫写逍遥赋，還我舊家風。

恩與怨，相尔汝，别異同。新松未长千尺，恶竹隐万丛。蛮触蜗牛左右，鼠肝虫臂（手稿中为“鼠臂虫肝”）上下，了了惯相从。怒向年年转，不倒涅槃翁。

这是父亲写的悼念总理第二首诗词，词牌为《水调歌頭》，通过读书，写出纪念周总理逝世三周年的书怀。

词的上半阕，开头这样写道，“風起夕陽處，歌唱大江東。”其中，“風起”出自《史记·淮阴侯列传》：“天下初发难也，俊雄豪桀建号壹呼，天下之士云合雾集，鱼鳞襍遝，熛至风起”。“夕陽處”，可引自宋代诗人李觏《乡思》中的“人言落日是天涯，望极天涯不见家”，通过所见落日表达思乡的惆怅。还可引自唐朝王维名句“大漠孤烟直，长河落日圆。”意思是金黄的落日照耀着一望无际的大漠和滔滔的黄河，再现壮丽辉煌的苍凉之情。“歌唱大江東”，出自宋代文学家苏轼《念奴娇·赤壁怀古》开篇“大江东去，浪淘尽，千古风流人物”之句。我父引经据典，表达了他对已逝世三年的敬爱的周总理，仍怀有无比崇敬之心和悲壮之情，以此悼念这位千古以来伟大的中国革命领袖和政治家。“老來歲月独好，遂看晚山红。”其中，“遂看晚山红”出自王维《画》中的名句：“远看山有色，近听水无声。春去花还在，人来鸟不惊。”意思是说，远看高山色彩明亮，走近一听水却没有声音。春天过去，可是依旧有许多花草争奇斗艳，人走近，可是鸟却依然没有被惊动。只因其距离而产生美感，让人觉其有无限的风光。此乃是“静境”，静境之美出乎首句，在于有静心者能品之。表明我父向古人学习，年老的时光特别好，可以静心远眺格外红的山。“雀角鼠牙墉屋，肝膽風波楚越，天地一爐中。”这句词，引经据典颇多。其中，“雀角鼠牙墉屋”引自《诗经·召南·行露》：“谁谓雀无角，何以穿我屋？……谁谓鼠无牙，何以穿我墉？”赞扬不畏强权与坚贞不屈的风格；“肝膽風波楚越”，出自《庄子·德充符》这里面记载了一段孔子的话，“仲尼曰：‘自其异者视之，肝胆楚越也；自其同者观之，万物皆一也。’”意思是，从不同的角度去看，那么肝和胆虽然同处一体，也像楚国和越国那样不同；从相同的角度看，万事万物都是一样的。所以庄子所追求的最高境界，乃是“天地与我并生，万物与我为一”。“天地一爐中”，引自西汉贾谊《鵩鸟赋》：“且夫天地为炉兮造化为工，阴阳为炭兮万物为工”意思是说，将天地比作大熔炉，阴阳二气是炭火，造化为炉工，世间万物都在里头被煅烧和熔炼。父亲此句词引了几段著名的典故，烘托出做人就要有古人那种不畏强权与坚贞不屈的风格，视万物与我为一，将今生汇入天地熔炉之中。“莫写逍遥赋，還我舊家風。”其中，“逍遥赋”传自中国古代，作者不详，该赋劝人们找一块安静休闲的处所，远离尘世嘈杂的喧嚣，在逍遥中感悟人生；“家風”，出自北周庾信《哀江南赋》序：“潘岳之文采，始述家风；陆机之辞赋，先陈世德。”与敬爱的周总理忘我、一心为民的高风亮节对比，父亲明确表示反对当逍遥派，无所作为，而是提倡传统的优良家风。父亲对我的身传言教是“要努力学习、奋斗、廉洁自律。”这就是父亲所说的“还我舊家風”的真正含义，影响了我的一生。

词的下半阕，“恩與怨，相尔汝，别異同。”其中“恩与怨，相尔汝”出自韩愈有“昵昵儿女语，恩怨相尔汝”的诗句，形容琴声婉转缠绵，如同年轻男女在亲昵地说话，互诉衷肠，又夹杂着嗔怪之声。而北宋的张元干《贺新郎·送胡邦衡待制》反用韩愈诗句，说自己不愿作小儿女亲昵缠绵之态，表现别情的豪健。我父用了“别巽同”，明显是支持张元千的观点和豪情。“新松未长千尺，恶竹隐万丛。”出自唐朝杜甫的名诗《将赴成都草堂途中有作先寄严郑公五首·其四：》“常苦沙崩损药栏，也从江槛落风湍。新松恨不高千尺，恶竹应须斩万竿！”意思是说，离开草堂后就常常担心沙岸崩塌，损坏药栏，现在恐怕连同江槛一起落到湍急的水流之中。新栽的松树恨不得快速地长成千尺高树，到处乱生侵蔓的恶竹应该斩掉它一万根。我父非常赞赏杜甫这种嫉恶如仇的精神！“蛮触蜗牛左右，鼠臂虫肝上下，了了惯相从。”该句同样引了几段经典，其中，“蛮”和“触”指蜗牛角上叫蛮、触的两个国家，二者相互争夺地盘，经常发生战争，出自《庄子·则阳》：“有国于蜗之左角者，曰触氏；有国于蜗之右角者，曰蛮氏。时相与争地而战，伏尸数万，逐北，旬有五日而后反。”后辛弃疾《鹧鸪天·睡起即事》词中有云：“名利处，战争多，门前蛮触日干戈。”“鼠臂虫肝”（有一成语为“鼠肝虫臂”）比喻为极微小而毫无价值的东西，出自《庄子·大宗师》：“以汝为鼠肝乎？以汝为虫臂乎？”“了了惯相从”出自《史记·日者列传》：“宋中为中大夫，贾谊为博士，同日俱出洗沐，相从论议。”父亲是在讽刺那些为了一己之利，又往往是微不足道之利，争得你死我活的现象，这种现象已成为司空见惯之事了！“怒向年年转，不倒涅盘翁。”其中，“怒向”，引自鲁迅先生的名诗《无题·惯于长夜过春时》中的诗句，“忍看朋辈成新鬼，怒向刀丛觅小诗”；“不倒涅槃翁”中的“涅槃”出自佛教，指一种超脱生死的最高境界。我父词的末尾，引经据典，年年怒指向该词前述林林总总的卑鄙小人，而十分赞扬周总理为了祖国的解放和人民的幸福，充满坚强的意志和坚韧不拔的精神，达到十分忘我的最高境界！无人能比！父亲所引的庄子、王维、苏轼、杜甫等历史名人大家，以及现代伟大的文学家鲁迅，他们无愧于并且代表着中国优秀的文化传统和道德高地！

（六）二十世纪八十年代

一九八一年初，我和爱人带着两个女儿回天津探亲，父亲刚好调到天津政协编译办快到一年的时间，我大哥刚结婚不久，就在天津河西区照相馆，照一张全家福，见本书老照片，坐在第一排中间是我的母亲陈叔玉、父亲廉士聪，左一为我的二女儿廉英杰，刚刚五岁，紧挨着的是我，父亲的右边是大哥廉刚，紧靠右边的是我的大女儿廉英蕾，正在天津尖山第一小学读书，后边左起第一人为我的爱人张学伟，其余依次为大嫂张清云、四弟廉力、三弟廉木和五弟廉武。

一九八二年，父亲将自己在一九四二年、一九八〇年和一九八二年写的三首词赠给天津政协的国栋老同志。很幸运，我在孔夫子旧书网无意中发现父亲这几首词的小楷真迹，非常难得，于是让我的大外孙女叶忠芸从网上拍到，寄到我的现住处，见下面三幅图，头一幅是真迹的拍照，后两幅是孔子旧书网上展示额分别放大的该词上、下两个部分。我收到真迹后，立即送表装画廊经营部给予表装，便于保留。这三首词的解译见书中有关段落。

高々羅马寺白缘積雪片々结春心乱丝灯射影十二阑干疑是使徒琴風傳舊事细思量意遠情深處近聽平安夜曲火炬報佳音　沈々含青玉樹吐蕊琪花正月迷梦枕又谁知愁盈北極淚濃幽衿傷心只是千秋怨十字恨青史難尋（鄧邦乃華人領袖为奴隸主所救與往所载非信史也）孤負了人间聖主來臨　右渡江雲一闋一九四二年于福建永安

榴花红闹水如藍故國雲山舊也諳日月潭邊風雨夜问君能不憶江南一湖光一片遠雲依楊柳微風望欲迷七十二沽流水碧故園原不是天涯二岸國人々是一家江山萬里净胡沙何當共飲西江水軽敲棋子看飛花　右浣三首柬台灣舊友一九八二冬端午

谁家車送夜歸人一縷輕雲一縷春梦去紅塵香欲睡、花朵淡月醉相因、一香盈摩托影綵細、似向紅塵第幾排萬里嬋娟傳笑語探君底物又南來二含青脉々謝芳尊、天上人间别有郵鮮道鄭風香軟軟新歌一曲唱黄昏　右感時紀事詩三首一九八二年

國棟同志　两政

小遯

高々羅馬寺白嶺積雪片々結春心亂絲燈射影十二闌
遠情深愛近聽平安逭曲火炬報佳音　沈々含青
北極消灑幽衿傷心只是千秋怨十字恨青史难尋 耶穌
雲一闌一九四二年于福建永安
榴花紅鬧水如藍故國雲山舊也諳日月潭邊風雨夜向
風望欲迷七十二沽流水泊君故園原不是天涯二愛國人々
水輕敲棋子看飛花 右詩三首東台灣舊友一九八〇端午
誰家車送夜歸人一縷輕雲一縷春夢去紅慶香欲睡花
慶第幾排萬里嬋娟傳笑語探君底物又南來二含青脉々
乾賦新歌一曲唱黃昏 右感時紀事詩三首一九八二年

國棟同志　兩政

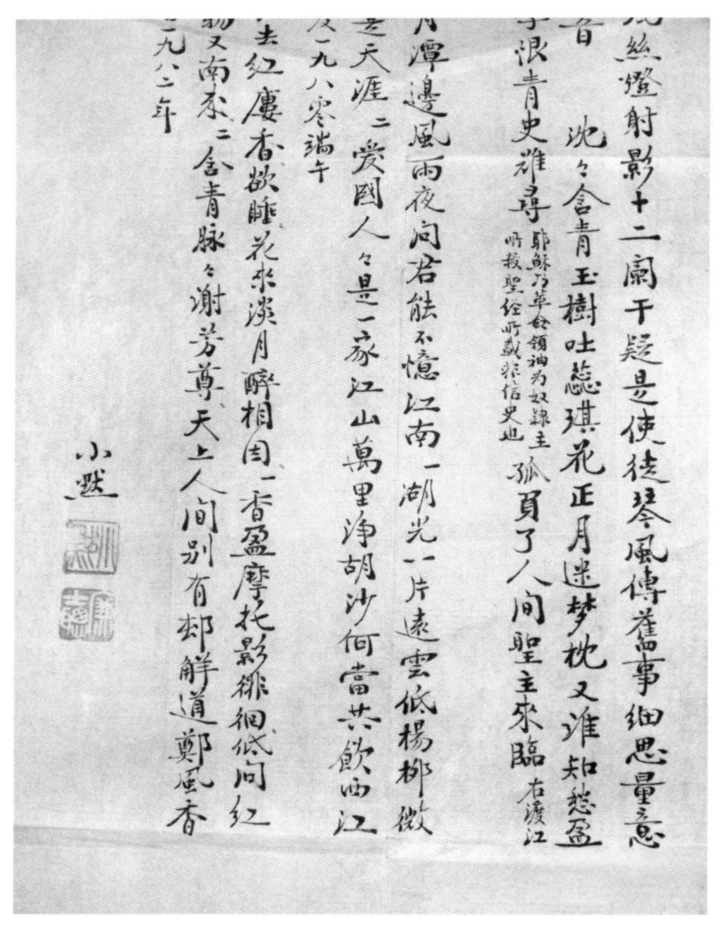
風絲燈射影十二闌干疑是使徒琴風傳舊事細思量意
首 沈々含青玉樹吐蕊琪花正月迷梦枕又谁知愁盈
字恨青史難尋 耶穌乃革命領袖为奴隸主所殺聖經所載非信史也 孤負了人间聖主來臨 右渡江
月潭邊風雨夜向君能不憶江南一湖光一片遠雲低楊柳微
是天涯々々愛國人々是一家江山萬里淨胡沙何當共飲西江
及一九八零端午
去紅慶香欲睡花來淡月醉相回一香盈摩托影徘徊低问红
物又南來々々含青脉々謝芳尊天上人间别有鄉鮮道鄭風香
一九八二年
小然

还要特别感谢国栋老同志及其家人！深知我父小楷真迹更适合让更多的人欣赏，并没有保留在家中，而是通过孔夫子旧书网拍卖，因此我才有幸拍到。

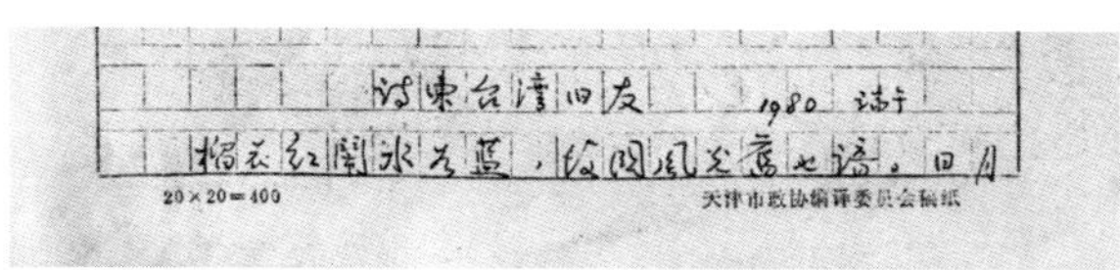

诗柬台湾旧友 1980 端午

榴花红鬧水如蓝，故国風光舊也谙。日月

20×20=400 天津市政协编译委员会稿纸

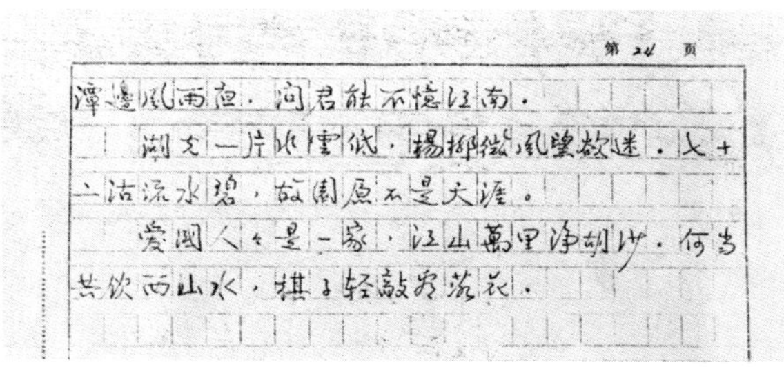

第 24 页

潭邊風雨夜，问君能不憶江南。

湖光一片水雲低，楊柳微風望欲迷。七十

二沽流水碧，故園原不是天涯。

爱國人士是一家，江山萬里净胡沙。何当

共饮西山水，棋子轻敲看落花。

诗柬台湾旧友 1980 端午

榴花红鬧水如蓝，故国風光舊也谙。日月潭邊風雨夜，问君能不憶江南。

湖光一片水雲低，楊柳微風望欲迷。七十二沽流水碧，故園原不是天涯。

爱國人士是一家，江山萬里净胡沙。何当共饮西山水，棋子轻敲看落花。

前面父亲已有一首《贺新郎》寄台湾旧友，这是一九八〇年端午节我父写于天津的一首七言诗，题为“诗柬台湾旧友”，共三段六句八十四字，真可谓是每逢佳节倍思亲。

该诗开头是这样写的，“榴花红鬧水如蓝，故国風光舊也谙。”意思是说，石榴花盛开，大都在春末夏初，此时江水绿得胜过蓝草。宋代词人周邦彦《兰陵王・柳》中，曾指他所登临望故国中的地方就是河南商丘。“日月潭邊風雨夜，问君能不憶江南。”意思是说，日月潭边风雨交加的夜晚，觉得萧条冷寂和凄凉孤独的时候，试问台湾旧友，能不忆大陆江南的美丽和温馨吗？

第二段开头写道，“湖光一片水雲低，楊柳微風望欲迷。”古人关于湖光和江水山色的诗词，大都意境高远，浩浩荡荡，或借以表达对故人的思念深情，屡见不鲜，名句令人遐想和陶醉。我父描写贴近湖面的风景，采用较细腻的写法，别具一格，此句描写大陆江南美景，湖水与湖面蒸发的水汽雾与低云连成一片，湖岸边杨柳树叶由微风吹送飘渺的风景，令人着迷。“七十二沽流水碧，故園原不是天涯。”我父笔锋又迅速转向大陆的北方名城天津，那里有流水碧绿的七十二沽，对家乡在这里的台湾旧友而言，故乡原本不必成为天涯那样遥远的地方。此段通过描写大陆美景，借以唤起台湾旧友浓烈的思乡之情。

第三段开头写道，“爱國人士是一家，江山萬里净胡沙。”该句意思是很清楚的，海峡两岸赞成祖国统一的人士就是一家，江山万里是靠击退外来敢于侵犯之敌和内部叛军而稳固的（净胡沙）。“何当共饮西山水，棋子轻敲看落花。”其中，“西山”出自《山海经》中指出，“西山经华山之首”；“棋子轻敲看落花”，出自宋代赵师秀《约客/有约》中的诗句：“有约不来过夜半，闲敲棋子落灯花。”意思是，诗人约客久候不到，灯芯很长，诗人百无聊赖之际，下意识地将黑白棋子在棋盘上轻轻敲打，而笃笃的敲棋声又将灯花都震落了。该诗结尾，我父诚心诚意盼望，等待台湾旧友何时共饮祖国大陆之水，自己此时心情如同古人，“闲敲棋子看灯花落”之松弛。

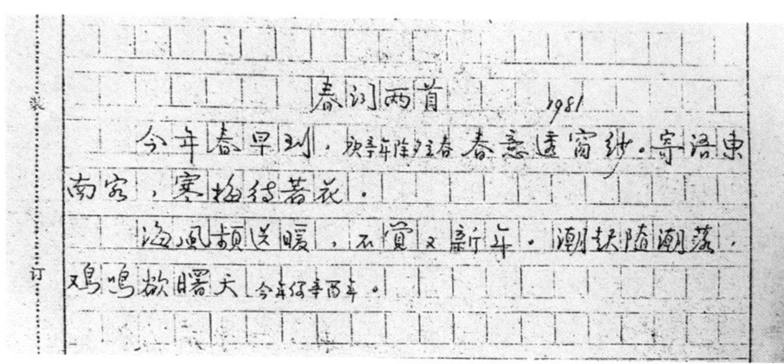
春词两首　1981
今年春早到，庚辛年除夕立春春意透窗纱。寄语東南客，寒梅待著花。
海風频送暖，不覺又新年。潮起随潮落，鸡鳴欲曙天今年係辛酉年。

春词两首　1981

今年春早到，庚辛年除夕立春春意透窗纱。寄语東南客，寒梅待著花。

海風频送暖，不覺又新年。潮起隨潮落，鸡鳴欲曙天今年係辛酉年。

这是父亲写的第三首五言诗，题目为《春词两首》，写于一九八一年天津。

第一首开头这样写道，“今年春早到，庚辛年除夕立春春意透窗纱。”意思是说，一九八一年春天早到，皆因除夕和立春同为一天（第一首诗小注中的“庚辛年除夕立春”，在第二首诗之尾得到更正，一九八一年实为辛酉年），春意盎然，绿色透过窗纱（“春意透窗纱”出自唐代刘方平《夜月》中的诗句：“更深月色半人家，北斗阑干南斗斜。今夜偏知春气暖，虫声新透绿窗纱。”）“寄语东南客，寒梅待著花。”我父以此句寄语台湾旧友（东南客），你们不眷恋故乡的梅花开没开吗（出自唐代王维《杂诗三首·其二》中的诗句，“来日绮窗前，寒梅著花未”）？

第二首诗的开头写道，“海風频送暖，不覺又新年。”“海风频送暖”，是指一九七九年一月一日，全国人大常委会讨论通过的《告台湾同胞书》正式发表，郑重宣示了争取祖国和平统一的大政方针。我父因此直言劝告台湾旧友，你们不觉得新的一年到来了吗？“潮起随潮落，鸡鳴欲曙天。”我父意思是说，人的一生命运虽起伏不定，但是鸡鸣预示天总会亮的，祖国两岸的统一定会实现的。

20×20=400　　天津市政协编译委员会稿纸

第 25 页

西江月

“七一”抒怀　1981

尝尽人间滋味，甜酸苦辣鹹麻，油盐柴米不分家，有个心兒天下。

斗宝難分你我，年年事事虧他。个中消息甚生涯，取个帋儿難画。

阅尽人间春色，添筹海屋滄桑。心中風浪幾迴腸，不曉心兒何放。

耳顺之年弹指，幾曾稳泛滄浪。乾坤扭轉问行藏，回首一看是党。

这是父亲一九八一年写于天津的一首词，词牌为《西江月》，词的目的是“七一”抒怀。

词的上半阕开头这样写道，“嘗尽人间滋味，甜酸苦辣鹹麻，油盐柴米不分家，有个心兒天下。”我父描述自己在解放前尝尽人间的滋味，而且为油盐柴米奔波，但是，即便如此，心儿还总挂念国家和民族的前途。“斗宝难分你我，年年事事虧他。”其中的历史典故出自元杂剧《临潼斗宝》：传说，春秋时代秦穆公想吞并诸侯，约会齐、鲁、吴、卫等十七国诸侯在临潼地方，参加斗宝大会，借以号令天下。并预先联络了红雀山大王柳展雄据守关口拦截各国诸侯，劫夺宝物。经楚国的大将伍子胥战败柳展雄并说服他，不再受秦国的利用，于是各国诸侯均顺利进关。我父的意思是说，解放前唯有中国共产党执行民族解放的统一战线，把握民族解放战争的大方向，才夺取抗日战争八年的胜利！“个中消息甚生涯，取个帋儿難画。”此句，我父表感慨表达人一生的各种消息，唯独涉及生计、生存和归途的最为关切，即便如此，也很难用纸笔简单描述得了的。

词的下半阕开始写道，“阅尽人间春色，添筹海屋滄桑。”此句意思是说，已看遍人世间的春秋风云，经历了久远的时间，记录年龄的筹码堆满了房间（其中，“海屋添筹”是句成语，我父为了词的韵律，将前后颠倒，该成语出自宋苏东坡《东坡志林》卷二：“海水变沧田时，吾辄下一筹，尔来吾筹已满十间屋”）。“心中風浪幾迴腸，不曉心兒何放。”此句的意思是说，当人们心中风浪回环往复时（“幾迴腸”），不晓得心思往哪里藏。“耳顺之年弹指，幾曾稳泛滄浪。”我父指人生一甲子（耳顺之年），弹指就过了（我父此年已六十七岁了），不管个人处境如何，自己忧国忧民的心念毫不动摇（“稳泛滄浪”是句成语，出自宋代张孝祥《念奴娇·过洞庭》中的诗句：“短发萧骚襟袖冷，稳泛沧浪空阔。”）该词最后写道，“乾坤扭轉问行藏，回首一看是党。”问扭转乾坤的是谁，回首一看是伟大的中国共产党！

高陽台

十余年前后对比，用梦窗丰乐楼词原韵　1981

寒露凝眸，斜陽射影，心潮起伏成图。喜上眉梢，问贤好景谁書？无崖枫叶红含紫，閙晚晴，底事愁餘？似这般，秋也渾如，人也真如。　吟邊不怕西風苦，怕夜寬梦窄，人老衰炉。雨打風翻，黄花瘦比禅臞。濠梁之上求其本：子非予，予也非鱼。似那般，秋在荒蕪，人在煙蕪。

附梦窗词

修竹凝妆，垂楊駐馬，凭栏浅画成图。山色谁题？楼前有雁斜书。东风紧送斜陽下，弄旧寒，晚酒醒馀。自消凝，能几花前，顿老相如。　伤春不在高楼上，在灯前欹枕，雨外熏炉。怕舣游船，临流可奈清臞。飞红若到西湖底，搅翠澜，总是愁鱼。莫重来，吹尽香绵，泪满平蕪。

高陽台

十余年前后对比，用梦窗丰乐慶词原韵　1981

寒露凝眸，斜陽射影，心潮起伏成图。喜上眉稍，问贤好景谁書？无崖枫葉红含紫，鬧晚晴，底事愁馀？似这般，秋也渾如，人也真如。

吟邊不怕西風苦，怕夜寬梦窄，人老衰炉。雨打風翻，黄花瘦比禅臞。濠梁之上求其本：子非予，予也非鱼。似那般，秋在荒蕪，人在煙蕪。

附梦窗词

脩竹凝妆，垂楊駐马，凭欄浅画成图。山色谁题？楼前有雁斜书。东风紧送夕陽下，弄舊寒，晚酒醒馀。自消凝，能幾花前，顿老相如。　　傷春不在高楼上，在灯前攲枕，雨外熏炉。怕艤游船。临流可奈清臞。飞红若到西湖底，搅翠澜，总是愁鱼。莫重来，吹尽香绵，泪满平蕪。

这是父亲第二首以《高阳台》为词牌的词，其目的是“十余年前后对比”。梦窗词，系宋代吴文英的词《高阳台・丰乐楼分韵得如字》。

词的上半阕，开头是这样写的，“寒露凝眸，斜陽射影，心潮起伏成图。”我父意思是说，寒露时节，目光久久凝住，太阳斜射，投下影子，心潮起伏，像图画一样，与梦窗词中的第一句“脩竹凝妆，垂楊駐马，凭欄浅画成图”成对仗（梦窗词的意思是：一丛丛修长的青葱翠竹，宛如盛装的少女凝神久久站立。我穿过竹林来带楼前，把马拴在楼前的柳树上。登上高楼凭栏远望，清澈的湖水仿佛一幅美丽的图画。）两词描写环境与人物均呈一动一静。“喜上眉稍，问贤好景谁書？”意思是说，人们喜眉笑眼之时，请问有才能和道德高尚的人，好景是谁书写的？梦窗词“山色谁题？楼前有雁斜书。”则问话在先，然后回答，是楼前斜行飞翔的大雁。两词描写人物与景色，互问互答。我父的“无崖枫葉红含紫，鬧晚晴，底事愁馀？”与梦窗的“东风紧送夕陽下，弄舊寒，晚酒醒馀。”同为先写景，后描述人物心情，词意均非常明了。“似这般，秋也渾如，人也真如。”我父的意思是说，似乎是这样，秋天也有愁绪，人也有愁绪。对仗的梦窗词是“自消凝，能幾花前，顿老相如”（我独自哀伤，在花前观赏还能有多少机会，感叹衰老得竟这样快。）两词中人物心境如出一辙。

词的下半阕开头这样写的，“吟邊不怕西風苦，怕夜寬梦窄，人老衰炉。”我父意思是说，吟咏中不怕西风烈，而怕夜长梦短（窄），人老如炉火熄灭一样衰败。对仗的梦窗词是“傷春不在高楼上，在灯前攲枕，雨外熏炉”（为春天伤心的并不是在楼高远望，而是在灯前斜倚绣枕，在熏香铜炉的伴随下，听着窗外的雨声潇潇。）两词中人物处于同样的意境。“雨打風翻，黄花瘦比禅臞（qú）。”我父是说，雨打冷风翻动，人憔悴（黄花瘦）得此静思耗神更消瘦。对仗的梦窗词是“怕艤（yǐ）游船。临流可奈清臞。”（怕游船停堤岸，怕见清波中自己清瘦。）两词中人物此情此景不尽相同。“濠梁之上求其本：子非予，予也非鱼。”我父引用一句成语“濠梁之上”，意思是别有会心，处于自得其乐的境地（出自庄子《庄子·秋水》中的《子非鱼》之典故：“庄子曰：请循其本。子曰‘汝安知鱼乐’云者，既已知吾知之而问我。我知之濠上也。”）父亲这句词的意思是处于自得其乐的境地时，要把握好因果关系。对仗的梦窗词是“飞红若到西湖底，搅翠澜，总是愁鱼。”意思是说，落花若是飞到西湖底时，搅得翠波翻覆，鱼儿也会感到忧伤。两词意境差异较大。我父谈到做人根本。“似那般，秋在荒蕪（wú），人在煙蕪。”意思是说，人与事似那般，秋怕荒凉，人怕烟雾之中的迷惘。这句是我父写该词的核心思想。与之对仗的梦窗词“莫重来，吹尽香绵，泪满平蕪。”是说，千万别再到这里，因为那时春风吹的柳絮漫天飞，像在平旷原野上洒下泪花。两词结尾喻意却出现唯一的南辕北辙！

父亲，在词中并不是人们所想象的，丝毫没用笔墨去描述十年前后的景象对比，然而，用梦窗丰乐楼词原韵，通过对比，词的初衷就隐在其中了！

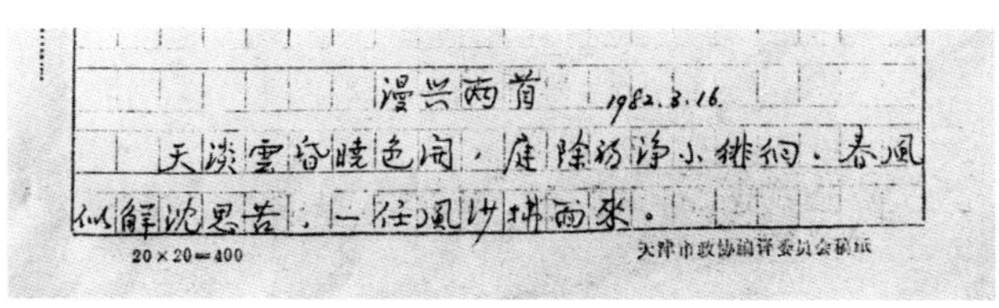
漫兴两首 1982.3.16
天淡雲昏曉色開，庭除初净小徘徊。春風似解沈思苦，一任風沙拂面來。
20×20=400　　天津市政协编译委员会稿纸

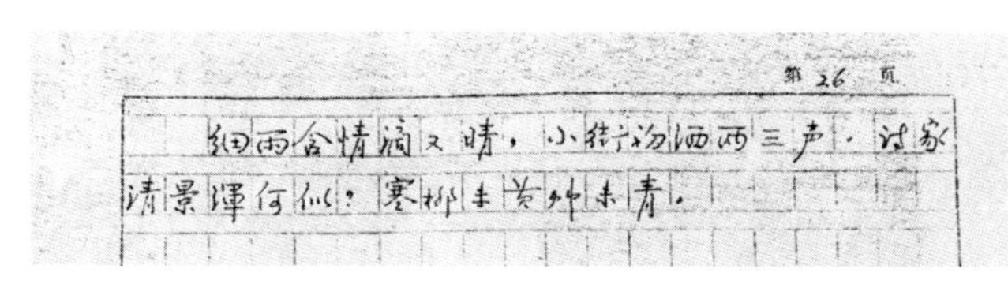
第 26 页
细雨含情滴又晴，小街沥洒两三声。试家清景渾何似？寒柳未黄艸未青。

漫兴两首　1982.3.16

天淡雲昏曉色開，庭除初净小徘徊。春風似解沈思苦，一任風沙拂面来。

细雨含情滴又晴，小街初洒两三声。诗家清景渾何似？寒柳未黄艸未青。

这是父亲一九八二年三月十六日写于天津的七言诗两首，题目为《漫兴两首》，不求工整，随性为诗。

第一首诗，开始是这样写的，“天淡雲昏曉色開，庭除初净小徘徊。”意思是说，拂晓时天色和云都还有些黯淡，我在刚刚打扫干净的庭院内略徘徊。“春風似解沈思苦，一任風沙拂面来。”词意很清楚，春风送暖解沉思，任凭风沙迎面来。诗人思静忘我。

第二首诗开头这样写道，“细雨含情滴又晴，小街初洒两三声。”意思是说，春雨细细懂人情，下了几滴天又晴，只在小街上留下了两三声滴答的语声。“诗家清景渾何似？寒柳未黄艸未青。”示问天下诗人喜爱的景色，都有什么相似的？他们都喜爱尚未变黄的寒江柳树和尚未泛青的草地。境界把握有度。

为父看似写“漫兴两首”，实为写诗人“修养准则”。

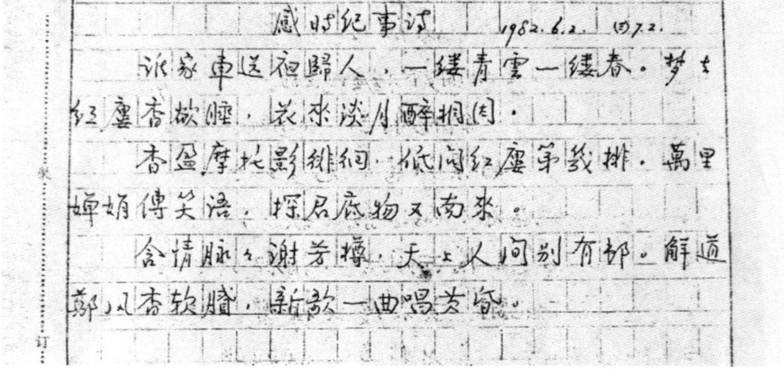
感时纪事诗 1982.6.2. 日7.2.
咏家車送袖歸人，一缕青雲一缕春。梦去紅塵香欲醒，花來淡月醉相闲。
香盈摩托影徘徊，低闯紅塵第幾排。萬里婵娟傳笑語，探君底物又南來。
含情脉脉谢芳樽，天上人间别有邨。解道鄭風香軟膩，新歌一曲唱芳[illegible]。

感时记事诗 1982.6.2.（三）7.2

谁家車送夜歸人，一缕青雲一缕春。梦去红廔香欲睡，花來淡月醉相因。

香盈摩托影徘徊，低问红廔第幾排。萬里婵娟傳笑语，探君底物又南來。

含情脉脉谢芳樽，天上人间别有邨。鲜道鄭风香软腻，新歌一曲唱黄昏。

这是父亲写于天津的七言诗三首，题为《感时记事诗》，前两首作于一九八二年六月二日，第三首作于七月三日。

第一首直奔主题写道，“谁家車送夜歸人，一缕青雲一缕春。”意思是说，我父看见邻居有车送夜归人，送的是年轻女同志，一头黑发一缕春。“梦去红廔香欲睡，花来淡月醉相因。”我父触景生情祝福，女人梦香红廔睡，梅花淡月好运回（醉相因）。

第二首诗首句，“香盈摩托影徘徊，低问红廔第幾排。”我父调侃，摩托车上的人周身盈绕了香气，摩托车来回徘徊。（典故，出自南朝宋的刘义庆《世说新语·容止》中的，描写潘安美貌引众多妇人，丢水果于潘安车上），车手低声问道，你要去红楼第几排（天津尖山宿舍大都是红色的楼房）。“萬里婵娟傳笑语，探君底物又南来。”我父赞叹，晚间女同志轻盈姿态的笑语传四方，探问君的坐骑摩托又来到。这就是人们俗称“摩的”。

第三首诗开头，“含情脉脉谢芳樽（zūn），天上人间别有邨（cūn）。”女同志含情脉脉的样子（成语），有礼的谢谢芳樽，真乃天上人间别有秩序的景象啊。“解道鄭风香软腻，新歌一曲唱黄昏。”我父感慨写道，解开和松绑《鄭风》中否定和压抑男女爱情之羁绊，那竟是新歌一曲唱黄昏的好事情啊！

我父从年轻人晚间护送女同志回家，联想到正常的恋爱是高尚的事情应该提倡，而不容歪曲。

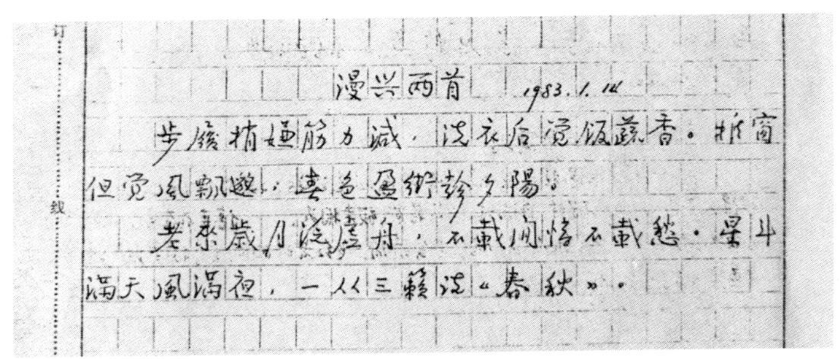
漫兴两首 1983.1.14

步履稍嫌筋力减，洗衣后觉饭蔬香。推窗但觉風飘逸，春色盈街趁夕陽。

老來歲月泛盧舟，不載閒情不載愁。星斗满天風满夜，一从三籁说《春秋》。

漫兴两首 1983.1.14

步履稍嫌筋力减，洗衣后觉饭蔬香。推窗但觉風飘逸，春色盈街趁夕陽。

老來歲月泛盧舟，不載閒情不載愁。星斗满天風满夜，一从三籁说《春秋》。

一九八三年一月十四日，父亲于天津写下七言诗两首，题目为《漫兴两首》。

第一首诗，开头是这样写的，“步履稍嫌筋力减，洗衣后觉饭蔬香。”一九八三年，我父六十九岁了，这句表示他体力虽有些减弱，步伐慢了，但是，做些家务后，饭菜还是蛮香的，自得其乐。“推窗但觉風飘逸，春色盈街趁夕陽。”其中，

“推窗”出自清代诗人袁牧《推窗》:“连宵风雨恶，蓬户不轻开。山似相思久，推窗扑面来。”袁牧暗喻厌恶官场，热爱山水田园，见山水风光则情不自禁。我父推窗时全然是愉悦的心情，推开窗户只觉得轻风拂面，窗外夕阳西下，春色满街。

第二首诗开端较为轻松，“老來歲月泛盧舟，不載閒情不載愁。”我父悠然自得，老来岁月如行舟，不载平庸不载愁。“星斗满天風满夜，一从三籁说《春秋》。”我父潇洒提笔到，不管星斗与風刮夜晚如何，胜似尊崇三籁思想讀春秋（出自《庄子·齐物论》，庄子的“三籁”论，是指天籁、地籁和人籁，强调“天人合一”;《春秋》是由孔子修订而成的中国第一部编年体史书）。

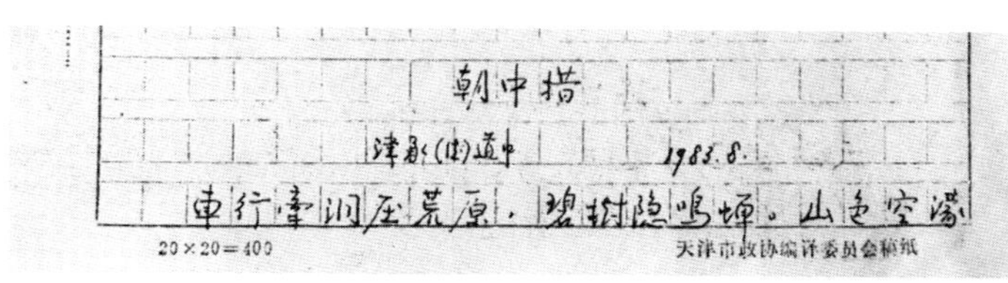

朝中措

津承(德)道中 1983.8

車行牽洞压荒原，碧樹隐鳴蟬。山色空濛

20×20=400 天津市政协编译委员会稿纸

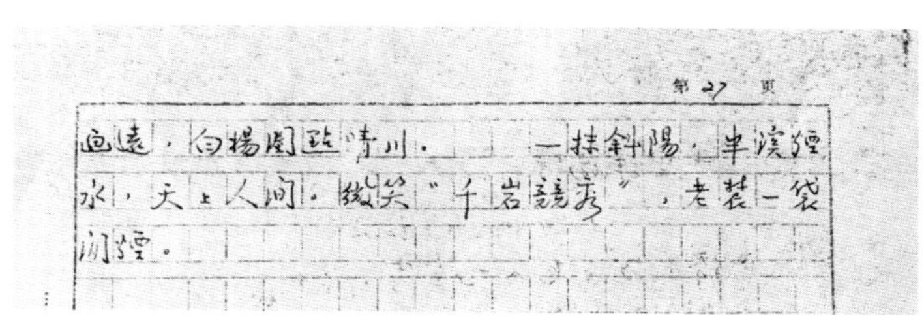

第 27 页

画遠，白楊閣町晴川。 一抹斜陽，半溪煙水，天上人间。微笑“千岩競秀”，老装一袋閒煙。

朝中措

津承（德）道中　1983.8

車行牽洞压荒原，碧樹隐鳴蟬。山色空濛画遠，白楊圈點晴川。　　一抹斜陽，半溪煙水，天上人间。

微笑“千岩競秀”，老裝一袋閒煙。

一九八三年八月，我父去承德游览途中写词一首，词牌为“朝中措”。以欧阳修词《朝中措·送刘仲原甫出守维扬》为正体，双调四十八字，前段四句三平韵，后段五句两平韵。

承德市地处冀北山区，属燕山沉降带与内蒙古高原过渡地带。西北部为内蒙古高原，东北部为七老图山山脉，中部、南部为燕山山脉。地势西北高，东南低，海拔二百至一千八百米，分为冀北山地和内蒙古高原两大自然区域。特别是内蒙古高原南缘的坝上森林，如同一道天然屏障，防护风沙，也阻挡了西伯利亚寒流的侵袭，使燕山腹地的大、小盆地，形成了区域性小气候和自然植被。可以说承德市区似一花盆，连绵起伏的群山是它的盆壁。

词的开头这样写道，“車行牽洞压荒原，碧樹隐鳴蟬。”意思是说，车穿过山洞行驶在荒原之上，不久又经过鸣蝉碧树林。“山色空濛画遠，白楊圈點晴川。”意思是群山隐没在细雨中，一片迷茫的样子，远看如画一般，又行驶了一阵，天空放晴，一条江和圈点它的白杨映入眼帘。“一抹斜陽，半溪煙水，天上人间。”我父引经据典，诗情画意地写道，太阳即将下山之时，又下起了细雨，半条小溪上空烟雨濛濛，阳光与雨水相互映衬，呈现截然不同的情景（其中，“一抹斜阳”，出自元代张可久的《折桂令·九日》；“半溪煙水”，出自宋代黄庭坚《菩萨蛮·半烟半雨溪桥畔》）。词的结尾，“微笑‘千岩競秀’，老裝一袋閒煙。”我父沿路笑看“重山叠岭的秀丽风景”，情不自禁抽起闲烟一锅。

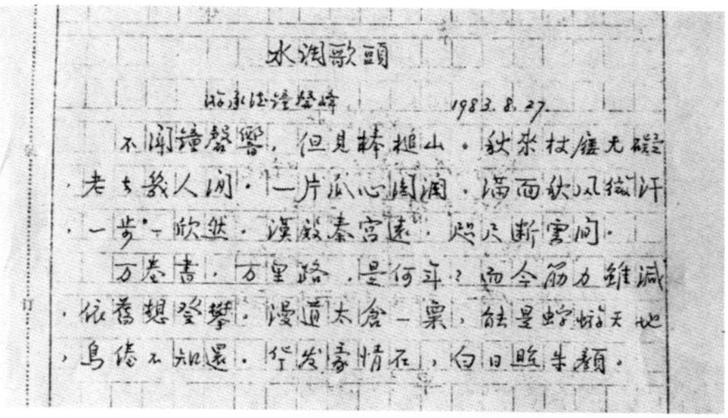

水调歌頭

游承德磬锤峰　1983.8.27

不闻锺磬響，但見棒槌山。秋來杖屦无礙，老去幾人閒。一片瓜心圆润，满面秋风微汗，一步一欣然。漢殿秦宫遠，咫尺断雲间。

万卷書，万里路，是何年？而今筋力虽减，依舊想登攀。漫道太倉一粟，能是蜉蝣天地，鸟倦不知還。华发豪情在，白日照朱顏。

这是我父一九八三年八月二十七日，游览承德磬锤峰，写的一首词，词牌为《水调歌头》。磬锤峰是承德著名景点，位于磬锤峰国家森林公园内。大约在七千万年前，随着地壳运动，该地地层上升，经岩浆及水中二氧化碳的溶蚀作用，产生了各种岩石造型，再经过长期的风化剥蚀，自然形成了各种奇峰、异石、岩洞、绝壁，构成了承德丹霞地貌景观。

词的前半阕开头，充满游玩气息。“不闻锺磬（qìng）響，但見棒槌山。”意思是说，听不见钟磬（古代礼乐器）响，只见棒槌山（磬锤峰国家森林公园的巨型怪石，形似洗衣妇的棒槌）。“秋來杖屦（jù）无礙，老去幾人閒。”我父指有了手杖和麻鞋（杖屦）上山也无碍，老年人有几个闲着呢。“一片瓜心圆润，满面秋风微汗，一步一欣然。”形容老年人上山的诚意难得（古语“人不得全，瓜不得圆”），老年人顶着秋风，走得微微出汗，每一步均出自内心的驱使，悠然自得。“漢殿秦宫遠，咫尺断雲间。”其中，“漢殿秦宫”出自宋代辛弃疾《浪淘沙·山寺夜半闻钟》中的著名诗句：“身世酒杯中。万事皆空。古来三五个英雄。雨打风吹何处是，汉殿秦宫。”我父上山时联想到，刘邦和秦始皇命运起伏时代，英雄惜英雄而为国家舍命的情怀，虽已遥远，人却来到山顶不远处，片云飞过就在咫尺间。

词下半阕，豪情满怀。“万卷書，万里路，是何年？”我父扪心问自己，读万卷书，行万里路，将在何年实现？“而今筋力虽减，依舊想登攀。”实事求是地讲，现已六十九岁，筋力虽减，但是，依旧想攀高峰！“漫道太倉一粟，能是蜉蝣天地，鸟倦不知還。”别说自己是“太倉一粟”了，哪怕是蜉蝣那样生命短暂的生物尚且在世间奋力飞行，如同疲倦了也不还巢的飞鸟，何况人乎？“华发豪情在，白日照朱颜。”我父在词最后，通过“游承德鐘磬峰”，表达自己虽头发斑白，但豪情依在，白日映照，容光焕发。

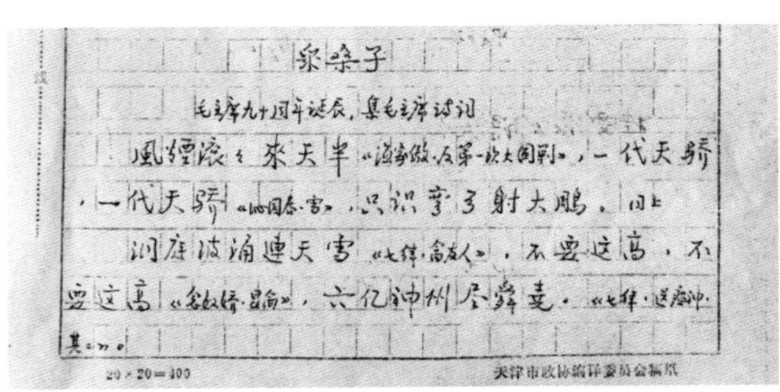
采桑子

毛主席九十周年诞辰，集毛主席诗词

風煙滚滚來天半《渔家傲·反第一次大围剿》，一代天骄，一代天骄《沁园春·雪》，只识弯弓射大鵰。同上

洞庭波涌連天雪《七律·答友人》，不要这高，不要这高《念奴娇·昆仑》，六亿神州尽舜尧。《七律·送瘟神·其二》。

20×20=400　天津市政协编译委员会稿纸

采桑子

毛主席九十周年诞辰，集毛主席诗词

風煙滚滚來天半《渔家傲·反第一次大围剿》，一代天骄，一代天骄《沁园春·雪》，只识弯弓射大雕同上。

洞庭波涌連天雪《七律·答友人》，不要这高，不要这高《念奴娇·昆仑》，六亿神州尽舜尧《七律·送瘟神·其二》。

一九八三年十二月，我父把毛主席诗词中的原句串联起来，以“采桑子”为词牌写成一词，纪念毛主席诞辰九十周年，乃是一种较为新颖的手法，解译起来有一定难度，我尽力而为。

词的上半阕，“風煙滚滚來天半”后的小注表明，此句引自毛主席的诗词《渔家傲·反第一次大围剿》，父亲是说，历史上所有帝王将相，挑起战争不断，百姓苦不堪言。接着两次引用毛主席的“一代天骄”（出自《沁园春·雪》），第一次引“一代天骄”，意思是说，历史上的帝王将相在各自所处的历史背景下的确不可一世；但与领导夺取了中国新民主主义革命胜利的毛主席相比，这些帝王将相不过“只识弯弓射大雕”（出自《沁园春·雪》）而已。

词的下半阕，我父引用毛主席的《七律·答友人》中的诗句，“洞庭波涌連天雪”，形容毛主席领导的中国革命浪潮卷起的白色浪花，漫天皆是。接着两次引用毛主席《念奴娇·昆仑》中的诗句，第一次引“不要这高”，是指昆仑山再高，高不过革命的浪潮，第二次引“不要这高”，意思是昆仑山再高，高不过六亿人民建设祖国的热潮，正如毛主席所赞誉的，“六亿神州尽舜尧”（《七律·送瘟神·其二》）。

在毛主席诞辰九十周年之际，父亲集毛主席诗词的原句，很有喻义地串联起来，经词的前后半阕对比，悼念伟大领袖毛主席的功绩，令人难忘！

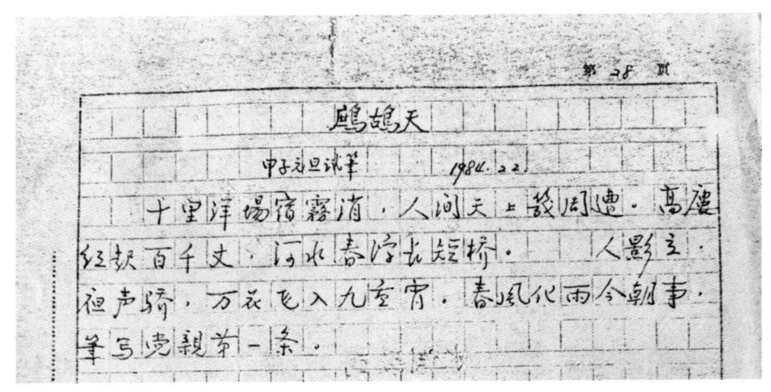

第28页

鹧鸪天

甲子元旦试筆 1984.2.2

十里洋場宿霧消．人间天上幾周遭．高廈红起百千丈．河水春浮长短桥．人影立．夜声骄．万花飞入九重霄．春風化雨今朝事．筆写党親第一条．

鹧鸪天

甲子元旦试筆　1984.2.2

十里洋場宿霧消，人间天上幾周遭。高廈红起百千丈，河水春浮长短桥。　人影立，夜声骄，万花飞入九重霄。春風化雨今朝事，筆写党親第一条。

一九八四年二月二日（一九八四年是甲子年，二月二日是元旦），父亲于天津写《鹧鸪天》词一首。《鹧鸪天》双调五十五个字，前段四句三平韵，后段五句三平韵。

词的前半阕，我父俱往矣，“十里洋場宿霧消，人间天上幾周遭。”上海十里洋场的夜雾消散，周遭的变化之大仿佛天上人间一样。看今朝：“高廈红起百千丈，河水春浮长短桥。”上海高楼崛起百千丈，黄浦江两岸桥不断，壮观景象映入人们的眼帘。两句勾画出上海解放前后的显著变化，不容置疑。

词的下半阕，“人影立，夜声骄，万花飞入九重霄。”举国上下，身影直，夜声笑，人们平安生活，如花飞入九重霄。“春風化雨今朝事，筆写党親第一条。”受到良好熏陶与教育的人们看今朝，歌颂党亲第一条。

父亲短短的五十五个字，勾画出上海解放前后的对比，简言全国人民安定的生活，由衷地感谢中国共产党领导中国，所发生翻天覆地的巨变。

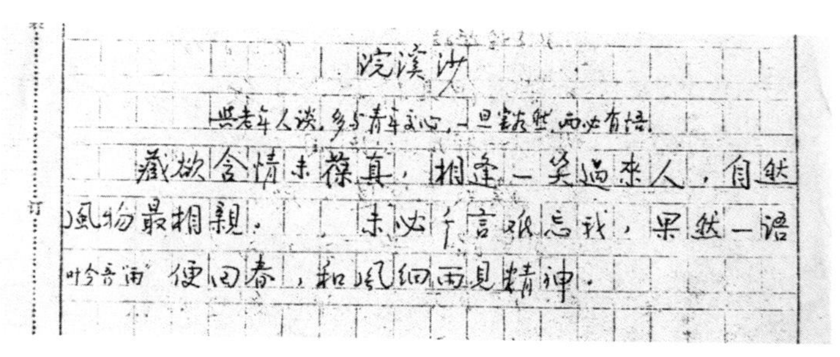

浣溪沙

與老年人谈，多与青年人交心，一旦豁然，两必有悟。

藏欲含情未葆真，相逢一笑過来人，自然風物最相親。　　未必千言难忘我，果然一语叶今音“雨”便回春，和風细雨見精神。

这是父亲写于天津的一首《浣溪沙》词，词意为与老年人谈，多与青年人交心，一旦豁然，两方必均有所悟。

词的上半阕，“藏欲含情未葆真，相逢一笑過来人，自然风物最相親。”我父的意思是说，老年人与年轻人交往，矜持藏欲望（藏欲），虽怀有真情（含情），未能达目的（未葆真）。有经验的，相逢真诚一笑，自然而然甚相亲。

词的下半阕，“未必千言难忘我，果然一语**叶今音‘雨’**便回春，和风细雨见精神。”我父真诚的给出交往的有效方法，未必忘我述千言，果然一语（叶今音“雨”指和洽、轻小的协助）便奏效，词的结尾，道出该词的核心思想，“和风细雨见精神。”老年人与青年人多谈心，和风细雨，真诚相待，双方有悟。

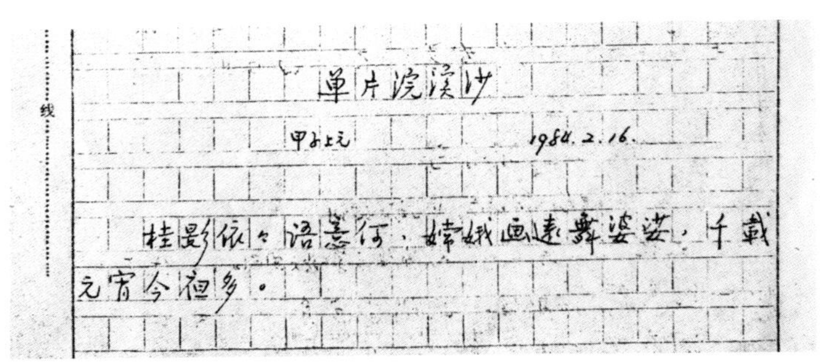
单片浣溪沙

甲子上元 1984.2.16.

桂影依々语意何，嫦娥画遠舞婆娑，千载元宵今夜多。

单片浣溪沙

甲子上元　1984.2.16

桂影依依语意何，嫦娥画遠舞婆娑，千載元宵今夜多。

一九八四年二月十六日，父亲于天津写下《单片浣溪沙》词一首。“浣溪沙”这一词牌分上下两片，上片三句三平韵，下片三句两平韵，我父显然是采用上片的单片浣溪沙。词牌下的标注“甲子上元”，是指宋代向子湮《水龍吟·绍兴甲子上元有怀京师》的词，绍兴甲子，是一一四四年，上元，即元宵节，主要是回忆汴京元宵节的繁荣，表达深切思念故国之情。

词的开头，深情一问，“桂影依依语意何。”我父意思是说，月光留恋意何为？接着写道，“嫦娥画逺舞婆娑，千載元宵今夜多。”远在月宫的嫦娥舞姿婆娑。元宵节传承了千年，今年的嫦娥（指庆贺元宵的女舞者）格外多。我父字词仅廿一。

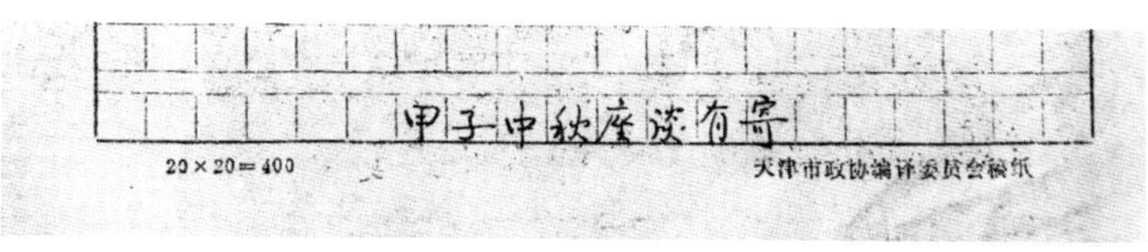
甲子中秋座谈有寄
20×20=400　天津市政协编译委员会稿纸

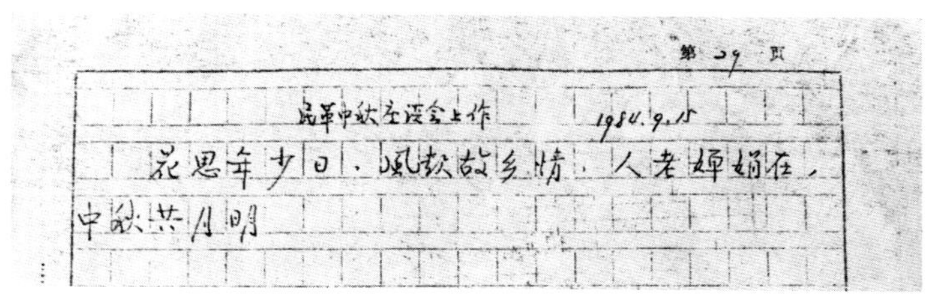
第 29 页
民革中秋座谈会上作　1984.9.15
花思年少日，風起故乡情，人老婵娟在，
中秋共月明

甲子中秋座谈有寄

民革中秋座谈会上作　1984.9.15

花思年少日，風起故乡情，人老婵娟在，中秋共月明。

一九八四年九月十五日，父亲于天津写下题为《甲子中秋座谈有寄》的五言诗一首。这首诗是在天津市民革中秋座谈会上即席而作。

诗这样写道，“花思年少日，風起故乡情，人老婵娟在，中秋共月明。”意思是说，花白岁月思年少，故乡景自入眼帘，婵娟舞姿伴人老，难得中秋共月明！我父是在为年龄较大的民主人士（也包括自己）鼓劲，对未来充满信心。

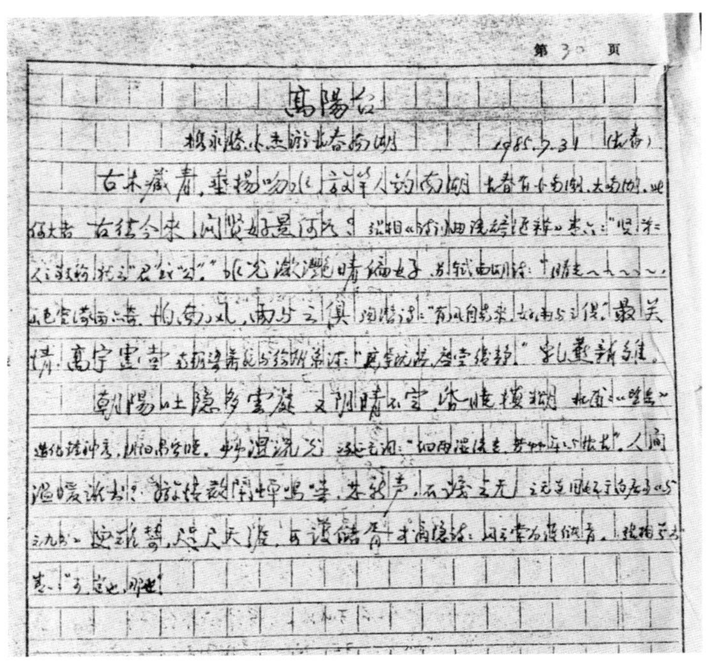
第30页

高陽台

高陽台

携永勝，小杰游长春南湖　1985.7.31　（长春）

古木藏青，垂楊吻水，放竿人钓南湖长春有小南湖，大南湖。此係大者。古往今来，问贤好景何如？张相《诗词曲语辞滙释》卷六：“贤，第二人之敬称，犹云“君”或“公”。”水光潋灎晴偏好。苏轼西湖诗：

“晴光———，山色空濛雨亦奇。”怕南风，雨与云俱陶潜诗：“微雨从东来，好风与之俱。”最关情。高宇雲堂南朝梁萧统与徐州弟诗：“高宇既清，虚堂復静。”乳燕新雏。

朝陽吐隐多雲處，有阴晴不定，昏曉模糊杜甫：《望岳》造化鍾神秀，阴阳割昏晓○ 艸湿流光冯延巳词：“细雨湿流光，芳艸年年与恨长”，人间温暖谁书？游情歡闹蝉鸣噪，念新声，不识之无之无连用始于白居易《与元九书》更難禁，咫尺天涯，可護储胥李商隐诗：风云常为護储胥。张相写书类：“可，岂也，那也。”○

这是父亲一九八五年七月三十一日来长春看望我们期间写的《高陽台》词一首，也是他来长春，于十月，写下《小默诗词选》中的最后一首词。词牌下标注“携永勝，小杰游长春南湖”，即携我爱人的表弟张永胜和我们的二女儿廉英杰，一同游览长春市内最大的风景区南湖公园。南湖公园位于吉林省长春市朝阳区，始建于一九三三年伪满时期，称为黄龙皇家公园。公园总面积两百二十二万多平方米，其中湖面面积九十二公顷，绿地面积一百三十四点六公顷，拥有长白山移植的大批红皮云杉等珍贵树种，还有白桦林、红叶林，湖面荷花绽放。

词的上半阕，“古木藏青，垂楊吻水，放竿人钓南湖。”该句下标注，长春有大小南湖之称，我父游览的是大南湖。园中诸多树种，唯一入我父眼帘的是百年柳树藏青，翠绿垂杨水边吻，钓鱼人傍湖垂钓。“古往今来，问贤好景何如？”我父引张相《诗词曲语辞滙释》卷六，解释词中何为“贤”（人的第二敬称），意思是说，从古到今，问君好景如何？“水光潋灩（liàn yàn）晴偏好。”引自苏轼关于西湖的诗句“水光潋滟晴方好，山色空蒙雨亦奇。”来赞赏长春南湖的自然景观，天晴蔚蓝，水波荡漾，波光闪闪。然而，词峰陡转，“怕南风，雨与云俱，最关情。”引陶潜诗《读山海经·其一》:“微雨从东来，好风与之俱。”父亲的意思是说，夏季游览南湖时，最怕骤然东风起，云雨一同来，这是人们最关心的。我父的词锋又一转，“高宇雲堂，乳燕新雏。”引南朝梁萧统《示徐州弟诗》:“高宇既清，虚堂复静。”词面意思是说，盛大气宇的殿堂，将有小尊贵进入。我父喻意同去南湖的永胜和英杰未来会考上大学，有所发展。

词的下半阕，“朝陽吐隐多雲處，有阴晴不定，昏曉模糊。”引自杜甫《望岳》:“造化钟神秀，阴阳隔昏晓。”我父的意思是说，南湖所在的朝阳区上空，时有浓云出现，致使阴晴飘忽，甚至是昼夜难分。“艸湿流光，人间温暖谁书？”引冯延巳词：“细雨湿流光，芳艸年年与恨长”。古人用“艸湿流光”把本来看不见的光阴变成仿佛有形有影的具体之，我父故而一问：“人间温暖谁书？”答曰：“游情歡闹蝉鸣噪，念新声，不识之无，更難禁，咫尺天涯，可護储胥。”答句分别引用白居易的散文《与元九书》与李商隐的诗“风云常为護储胥”。我父联想携永胜和英杰游览南湖的情景，给出的答案是：“游览欢快噪鸣蝉，思量君的声音新，不学文化虽难禁，但在咫尺天涯间，可获篱栅（zhà）乃焕然”（引张相写书类：“可，岂也，那也。”是对该词结尾中，最后三种可能情况的评价）。

该词表达了我父携两个晚辈游览长春南湖景观愉悦的心情，更在与他（她）对文化学习的交流中，关怀他们将来有几种可能。几十年后，再来解译我父的诗词，备感父亲记忆非凡，古文诗词底蕴深厚，诗文运用自如，我辈望尘莫及！

三、勤事天津政协工作

（一）以“对外和平友好团体”人士身份，为天津第一届政协委员

一九四九年十二月，父亲从南京赴北京革大政治研究院学习毕业，一九五一年初，任天津市民革委员兼宣传处副处长，一九五五年三月当选天津第一届政协委员。

（二）天津政协第二至第七届委员、第八届常委

常委：傅蕴珖　谢天培　甄健民　褚宝玲（女）　廉士聪
　　　蔡文龙　黎钦　潘昌运　薛庆澄　薛新翔

父亲是以天津市民革身份当选天津市第八届政协常委的。

（注：以上下载自天津市政协机关网站，主要给出廉士聪当选的位置，没有给出全部名单）

（三）一九五八年到市政协机关

一九五八年，父亲调任天津市政协秘书处副处长。那时我们家住解放南路与大沽南路交叉处的尖山宿舍，离天津市政协机关（就在小白楼莫斯科电影院旁边）还有较长一段路程。一九七三年以前，还没无轨电车，父亲每天都是挤二十路公共汽车上下班，下了公共汽车，还要走十多分钟的路。一九七三年以后，有了无轨电车，从家中往东走十分钟左右，到解放南路电车站，可以直接坐到天津市政协机关附近下车，风雨无阻。自从一九五七年十月我家搬到尖山宿舍，

父母离家上班都不算近，每天中午都由我送几个弟弟上天津市国家银行子弟幼儿园。一九六〇年开始，其中两个弟弟开始上小学，也是由我中午从附近中学回家，给他们做中午饭。一九六二年九月，我考上北京气象专科学校大专班，我母亲调到尖山第一小学（离家很近），中午休息时，可为几个弟弟做中午饭。这也反映父亲在政协机关上班从来不耽误工作，兢兢业业。一九六二年前，我去北京上大学之前，中午都在公共食堂打全家人的蒸米饭，食堂切好七份，由我把饭领回家，父亲中午也回家，同我们一样，一人一份，当时全家也习以为常，均无什么怨言。

一九五九至一九六一年，三年困难时期，我记得父亲，曾让我到尖山宿舍红升里，给北洋政府的遗老遗少及其家属，发放市委统战部与市政协机关的生活补助费，有过多次。

父亲在工作期间，因工作关系，结交了些党内统战干部，也有党外著名的人士。

二十世纪六十年代，父亲经常跟我提到的是天津市委统战部的副部长黎钦同志，我父对他印象很深，认为黎钦同志是个老干部，但平易近人，从不摆架子，很好相处，可以相互交心。具体哪一年，我也记不清了，但是在困难时期的后期，商店可以买到人们所需要的东西，我记得有一天，父亲让我去尖山宿舍的红光里副食商店的糕点铺，买点儿点心和牛奶，黎钦同志到我家中来访，他同父亲在西屋聊了一个上午。

早在二十世纪五十年代，我父结识了医学教授金显宅。他也居住在天津睦南道六十九、七十一号，原为朝鲜人，后入中国籍，一九三一年获美国纽约州立医科大学博士学位，回国后成为中国从事肿瘤医学事业的第一人。一九八〇年，我父同我陪着从长春来天津的姨丈刘玉印检查肿瘤（我和爱人张学伟，是由她的老姨周连云和姨夫刘玉印介绍认识的，刘玉印与我同在吉林省气象局工作），还请金显宅教授诊断。金教授细心，给出珍贵的药方，很是负责任。我记得父亲曾对我说过，金显宅教授还是西哈努克亲王的重要主治医生。

父亲同吉鸿昌将军的女儿吉瑞芝（曾任天津政协常委）成为好朋友，他们之间经常有交流，这是我们全家都知道的。我好像记得有一次同父亲一起到吉瑞芝大姐（当时大家都这么亲切地称呼她）居住的天津市和平区中心花园 5 号拜访过，我亲耳听到吉大姐对我父的评价：为人正直，有学问。我父一九九〇年六月中旬突然摔了一跤，住院期间吉大姐去医院探望过好几次，还嘱咐主治大夫，一定好好医治，让我父早日恢复健康。多年过去了，此事好像就发生眼前一样，这是我终身难忘的一件事情。

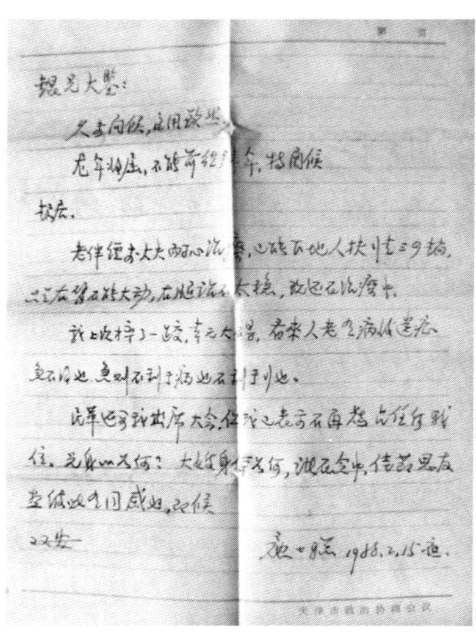
[illegible]大鉴：

大函[illegible]，[illegible]

[illegible]

[illegible]

[illegible]安

[illegible] 1988.2.15夜

天津市政治协商会议

天津市第八届政协常委、天津市委员会秘书长农工民主党成员王锟还同父亲，是多年的好朋友，特别是二十世纪八十年代以来，联系得比较多。我十分有幸从“孔夫子旧书网”得知，父亲同王锟先生有书信六封，我立刻让我的大外孙女从重庆拍得此六件，快递到长春市家中。从父亲同王锟先生一九八八年二月十五日的信中可知（见下面的影印件），父亲写道，“錕兄大鉴：久未问候，略用歉然。龙年将届，不能前往拜年，特问候起居。老伴（指我母亲——本书编者注）經李大夫耐心治療，已能下地，人扶身走三四趟，只是右臂不能大动，右腿站不太稳，现还在治療中。我上次摔了一跤（指一九八五年年底），幸无大碍，看来人老有病，后遗症急不得也，急则不利于病也不利于身也。民革还要我出席大会，但我已表示不再虚占任何职位。兄身心如何？大嫂身体如何，均在念中，佳節思友，想彼此有同感也，即候。双安。廉士聪 1988.2.15 夜”。短短的问候信件，足见父亲同王锟先生如此深交，在相互问候的同时，也反映我父不沽名钓誉、积极让贤的可贵精神。

（四）一九八〇年转任天津政协编译办公室工作

一九八〇年，我父转任天津政协编译办公室工作，下面的词清楚地记录了他所在的日译组的工作环境，组内各位人士对工作兢兢业业，成绩卓著，其中从网上可查到的书目在此略举一二：《中华民国史资料丛稿［译稿］昭和二十（一九四五）年的中国派遣军》（第二卷第二分册）（中华书局，一九八四年）；《独占鳌头的日本》（黑龙江人民出版社，一九八一年）;《重光葵外交回忆录》（知识出版社，一九八二年）;《中华民国史资料丛稿　三十六册合售包括广西作战，香港作战等重要史料》（中华书局，一九八一年）;《中华民国史资料丛稿［译稿］土肥原秘录》（中华书局，一九八〇年）等。

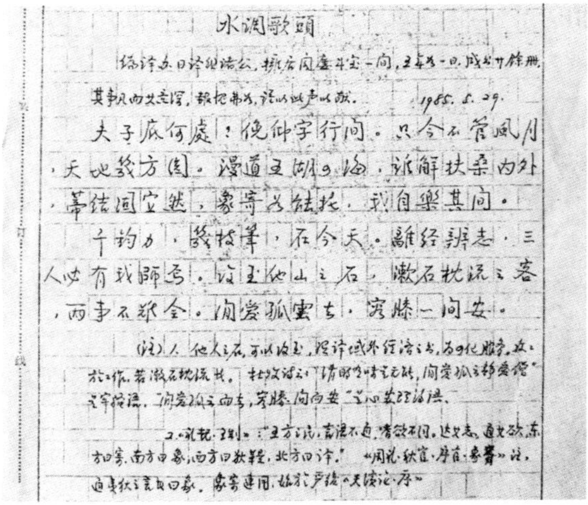
水调歌頭

编译办日译组诸公，擁居阁廛斗室一间，五年如一日，成书廿餘册，其事凡而其意深，報恨弗如，语以此声以献。1985.5.29

夫子底何處？俛仰字行间。只今不管風月，天地幾方圓。漫道五湖四海，谁解扶桑内外，蒂结固宜然，象寄如能托，我自樂其间。

千钧力，幾枝筆，在今天。離经辨志，三人必有我師焉。攻玉他山之石，漱石枕流之客，两事不難全。闲爱孤雲去，容膝一向安。

水调歌頭

编译办日译组诸公，擁居阁廛斗室一间，五年如一日，成书廿餘册，其事凡而其意深，報恨弗如，语以此声以献。　1985.5.29

夫子底何處？俛仰字行间。只今不管風月，天地幾方圜。漫道五湖四海，谁解扶桑内外，蒂结固宜然，象寄如能托，我自樂其间。

千钧力，幾枝筆，在今天。離经辨志，三人必有我師焉。攻玉他山之石，漱石枕流之客，两事不難全。

閒爱孤雲去，客膝一间安。

注：1. 他人之石，可以攻玉，须译域外經济之书，为四化服务。投之於工作，若漱石枕流此。杜牧诗云："清时有味是无能，閒爱孤云静爱僧"是牢骚语，"閒爱孤云而去，客膝一间而安"是心安理得语。

2.《礼记·王制》："五方之民，言语不通，嗜欲不同。达其志，通其欲，东方曰寄，南方曰象，西方曰狄鞮，北方曰译。"《周礼·秋官·序官·象胥》注，通夷狄之言曰象。象寄連用，始於严復《天演论·序》。

父亲用水调歌头的词牌，在词牌下面一行小字注解了写该首词的用意，特别赞扬组内的年轻人，称要回报自己不如（"弗如"）的年轻人，特此以该词献给这几个年轻人，表明我父谦虚的本色，从不贪功为己有。词的上半阕，"夫子底何處？俛（fǔ）仰字行间"，询问日译组的同志们（夫子）在何处？回答说他们身体屈伸（俛仰）在工作的字里行间中。"只今不管風月，天地幾方園。"引自宋代曹彦约《亲友冯仪之运干挽章三首》中的"只今风月夜，犹足想清规。"意思是心中有理想和希望，那管他人间风韵之事。"漫道五湖四海，谁解扶桑内外，蒂结固宜然，象寄如能托，我自樂其间。"其中，"蒂结固宜然"引自魏晋陈琳的《诗》中的"固宜然"。整句连贯起来解释为，别讲五湖四海了，就拿日本来说，我们固然应该去了解它，但如果谁能替代我们（象寄，古代对翻译人员的称呼），我会因此感到快乐，体现了工作之辛苦。

词下半阕，"千钧力，幾枝筆，在今天。"现如今，我们几个人几只筆，按古人讲如万斤之力（引自《商君书·错法》，三十斤为一钧，千钧即三万斤。）“離经辨志，三人必有我師焉。”表明词作者的谦逊之心，读断经书文句，明察圣贤志向，三人之中就有我的老师。“攻玉他山之石，漱石枕流之客，两事不难全。”我父在注解中已对“攻玉他山之石”做了解释，只不过为了韵律将“攻玉”放至前面，另外，诙谐地说，要想过隐居生活，隐居和翻译不难全。“閒爱孤雲去，客膝一间安。”引自唐代杜牧的《将赴吴兴登乐游原》一诗中的名句“闲爱孤云静爱僧”，自喻闲时，“客膝一间安”，安稳在房间中，喜欢如孤云般逍遥悠闲。

词中小注 1.“他人之石，可以攻玉，须译域外经济之书，为四化服务。投之於工作，若漱石枕流此。杜牧诗云：“清时有味是无能，閒爱孤云静爱僧”是牢骚语，“閒爱孤云而去，客膝一问而安”是心安理得语。”是对该词的补充解释，已经很清楚了，不再赘述。

小注 2.《礼记·王制》给出古代君王治理天下的规章制度，其中记载：“中国、夷、蛮、戎、狄，皆有安居、和味、宜服、利用、备器，五方之民，言语不通，嗜欲不同。达其志，通其欲，东方曰寄，南方曰象，西方曰狄鞮（dī）（古代翻译西方民族语言的人），北方曰译。”我父的意思是，在古代君王体制下就有翻译人员的存在。“《周礼·秋官·序官·象胥（xū）》注，通夷狄之言曰象。象寄连用，始于严复《天演论·序》”，《周礼》作为儒家经典，介绍了官制和政治制度，是中国第一部记载礼的书籍。总之，我父引经据典，讲明翻译人员在历朝历代都受到重视，不可或缺。

一九八五年冬季，我父出现脑溢血，经天津医学院附属医院的杨大夫的精心治疗，到一九八六年上半年，得到明显好转。从我父一九八六年七月二十二日写给天津政协常委王昆先生的信件（见下图）可得知，我父写道“病前，还打算翻译生活告一段落，一是教书（是父亲一辈子喜欢做的事情——本书编者注），二是写词学札记（更是我父终身特别喜好之事——同上），以便晚年有所寄托，有些安慰。现病，走路不类常人，找参考书，难于奔波，故词学小札，中途而辍。二是教书，多病学生疏，不敢无所顾忌地教，病人如此，学生也不无所顾忌地学。一病与事业断了线，故精神少寄托也。兄如有朋友愿来此共学者，请介绍……”

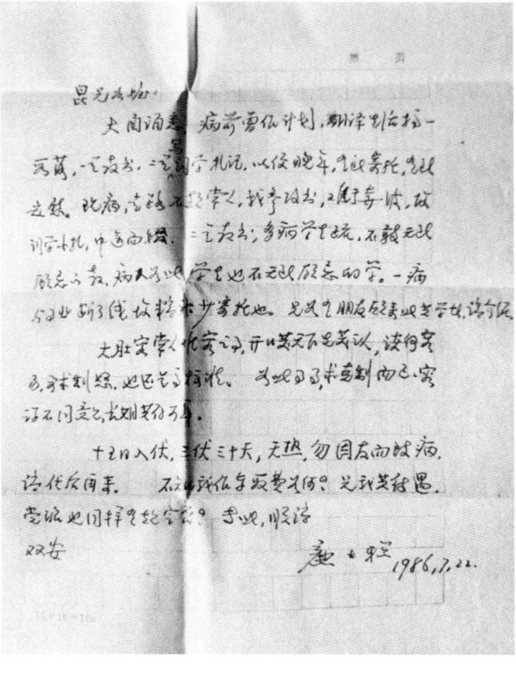
昆兄长好：
大函诵悉。病前曾作计划，翻译生活告一段落，一是教书，二是写词学札记，以便晚年有所寄托，有些安慰。现病，走路不类常人，找参考书，难于奔波，故词学小札，中途而辍。二是教书，多病学生疏，不敢无所顾忌地教，病人如此，学生也不无所顾忌地学。一病与事业断了线，故精神少寄托也。兄如有朋友愿来此共学者，请介绍。
[illegible]
十五日入伏，三伏三十天，天热，勿因友而致病。[illegible]
专此，顺颂
双安
[illegible] 1986.7.22.

（五）一九九〇年六月十七日逝世

解放后，父亲为天津市政协的统战工作付出了全部心血，在“文革”期间也受到了冲击，下放到天津市郊的“五七干校”，尽管如此，我父没有任何怨言，坚信共产党的领导下的社会主义建设事业一定兴旺发达，这从他所留下的诗词完全可以客观地反映出来。一九九〇年六月，父亲因患高血压且重重地摔了一跤，经医治无效，于六月十七日与世长辞。一九九〇年六月二十五日，由天津市政协组织，市政协第一副主席肖元同志出席了哀悼会，本书老照片中肖元副主席向我的四弟廉力握手致哀，天津市委、市人大、市政府和市政协送了花圈。他人虽走了，但是留下了诸多诗词墨笔真迹，古诗词的深厚功底将流芳百世。

四、
小默诗词选抄影印件

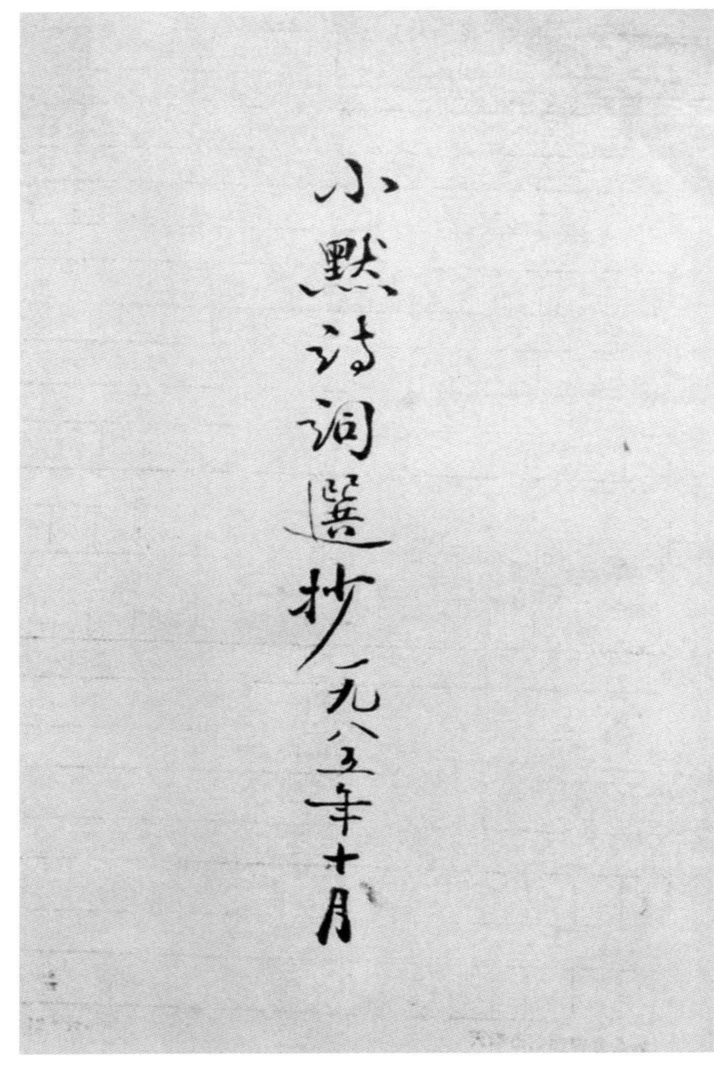

小默詩詞選抄

一九八五年十月

第 2 页

夜坐 1933（天津）

深巷荒街杂犬鸣．床前独坐耐寒声．雪清梅瘦疑春死．屋小窗高觉月明．琴不清悠时欲懒．书犹滋感喜如续．梦中岁月匆々过．赢得灯炉一夜清．

溜冰曲 为徒儿之爱溜也 1933（天津）

白雪漫々风扑壁．行人模糊不可觅．秃树为街强作声．城々寒鸦弃羽翼．冰厂沈々临海中．十里海冰净若拭．流水轻舟罢鼓鸣．封々紬儿来不识．缥渺神仙广寒宫．绚烂衣冠王侯宅．或行或舞轻梭梭．御风似觉身无力．燕子微斜云一抹．鱼儿浑困水千尺．霜气拨秋擬鹅绒．娇情各胜竟倾国．模样迷离旅为游．淡红浓抹神脉々．雨嘈诗切霓裳曲．莺滑泉咽十八拍．钩心斗角夺锦标．度曲欲觅姜白石．喧阗繁华盛一时．天上人间殊未识．讵意暮也径雪来．若重音节助舞式．健儿敢怒不敢言．纷々为蛾争逃遁．冰厂俄顷成废居．冰碟飞々若鸣镝．可怜繁去千城将．日暮冰厂冬寂々．

20×20=400　　天津市政协编译委员会稿纸

浣溪沙

题雨僧丈藤影荷声之馆 1935 （北京）

去日迢迢半醉醒，醉时却比醒时清，人生难得是微醒。 莲叶迎风疑浣浣，藤花落水独含情，眼前明月抵馀生。

木兰花慢

陪雨僧丈北海秋华 1935 （北京）

问燕南赵北，几人赋，短歌行，胜瓦冷宫墙，尘封月殿，睡梦微醒，寒凝，清波远引，只惜芳不胜故年情，留得枯荷听雨，断肠为赋秋声。

冥冥，德羽唤难灵，粉泪恨难平，忆西天醉梦，九龙沉壁，空锁瑶京。倾城，向君诉事，谱新声，叙叙前欢。日落长城万里，黯然胡马奔腾。

减兰

别金竹姐张在校之长沙 1938 （金华）

人天无据，空指雄心南渡处。未泰而风，孤负平生剑似虹。 远山衔水，流入湖江多少泪。空别何年，闲话桑麻醉酒眠。

装 订 线

20×20=400 天津市政协编译委员会稿纸

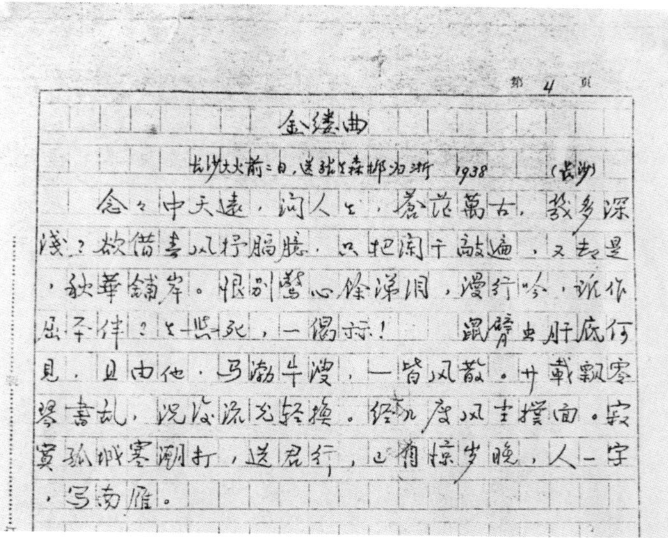

第 4 页

金缕曲

长沙大火前二日，送张子森挪为浙 1938 （长沙）

念念中天远，词人人，苍茫万古，几多深浅？欲借春风抒胸臆，只把阑干敲遍，又却是，秋华铺岸。恨别惊心馀涕泪，漫行吟，谁作屈平伴？生与死，一偈诉！ 鼠臂虫肝何足见，且由他，马渤牛溲，一皆风散。廿载飘零琴书乱，况复流光轻换。经几度风尘扑面。寂寞孤城寒潮打，送君行，已悄惊岁晚，人一字，写南雁。

潆雾笼寒，虚堂纳润，空庭衣袂春深。梦回吴苑，争教醉石沉沉。清辉可怜道林卧，梅花瘦，云壑幽寻。似相予，引吭高歌，空谷清音。——临流久怯孤鸿瘦，又西窗剪烛，对影孤吟。万里关山，南北此时何心。搔伊润眼盈盈处，算天涯，谁惜青衫。更难禁，遍倚千帆，楼外轻阴。

水龍吟

書怀，集苏辛词　1941.10.14　（永安）

人生幾度新涼 苏《西江月》，湖山信是東南美 苏《虞美人》。都无人管 辛《摸鱼儿》，好風如水 苏《永遇乐》，月華如洗 辛《满江红》，庭户无声 苏《洞仙歌》，秋香院宇 辛《踏莎行》，无情有思 苏《水龙吟》，恨舟車南北 辛《声声慢》，蒼顏華髮 苏《醉落魄》，渾且住，为佳耳 辛《霜天晓角》

石卧山前認虎 辛《雨中花慢》，又却是 苏《贺新郎》、辛《鹊桥仙》，蝸頭微利 苏《满庭芳》。闲愁最苦 辛《摸鱼儿》，不应回首 苏《八声甘州》，此時風味 苏《贺新郎》。底事区区 苏《蝶恋花》，衣冠人笑 辛《沁园春》，本非有意 苏《哨遍》，且丁寧休負 辛《满江红》，千鍾美酒 苏《满庭芳》，但一回醉 苏《行香子》。

揚州慢

有从南京近来者，为赋此阕　1941　（永安）

故壘听潮，乌衣饿羽，秣陵难赋秋声。甚云山自许，又月照孤城。怕商女，犹歌玉樹，不知遺恨，唱徹江汀。想秦淮，搖碧冥冥，空對峰青。　蟲沙劫后，會銅駝，巷陌堪驚。更胡马飛尘，歸鴉噪日，此恨難平，千古傷心流水，六朝事，眼底重重。问《哀江南赋》，而今誰续君听。

附寄靖伯厂《讷音集》和词

白鹭洲前，乌衣巷口，斜阳檐漏曾经。送青山一发，又胡马纵横。有商女，红牙紫玉，犹歌遗曲，不可忍听。对东流江水，如人愁侍萧声。　为何一霎，石头城，枝遍荆榛。想鬼哭啼情，猿啼千载，触目伤情。终日秦淮呜咽，与水流，六朝腥膻，叹词成座谋，摩江学而孤灯。

鹧鸪天

壬午元日试笔，拟宫词，四阕录二。　1942　（永安）

称楚称秦梦已成，降幡又出石头城。谁怜武定桥边水，空叹丹心照汗青（明金陵城陷，一無题诗武定桥边云："烟常若在斗回陛，青天更可命一旁"题毕，投水而死。）　潮怒起，月无声。秦淮呜咽小朝庭。两朝宫袖偏宜昨，鹧鸪前头怕说兵。

陵树萋萋树集鸟，烟花落日出骷髅。空梁落燕千君妬，春水成波怕我書。　慈萬古，

装订线

點絳唇

壬午夏，客泉州，息雕香社，鄰室有人婚焉。新娘误入吾室，止是吾面，笑之，乃去。

诗赋关雎，新婚燕尔轻歡笑。洞房飘缈，误入孤僧庙。　净宝虚堂，何處迎青鳥。倉皇了，沙弥年少，疑是如来到。

惜黄花慢

壬午十月十三日寓莆田惠南小築，空对寥寮，闲静雅寂，悟今无限禅趣也，为赋

灵雨空山，对七枝妙樹，细數三三，梵声禅寂，去问幻化，熙熙萬象，千劫随缘，曾经幾度牵情去，自荐净，了了参禅，念眼前，菊闲好景，心印无邊。　俗来多照尘埃，望佛来去處，无尽灯然。意澄淫断，骨空绝案，煮沙成飯，步落空船。顾今古作西遊客，串珠落，雨露清圆。脱俗寰，上方不見雲煙。

瑣窗寒

四、
小默诗词选抄影印件

第 8 页

怀南僑文昆明，用清真韵　1942秋　（永安）

冷月疏沙，寒星射水，夜捣秋声。莲衣坐禁，气化露珠为雨。下高阶，踏影过窗，幽人活活空林语。咲片云飞暗，迢迢千里，伴谁孤旅。　秋暮，如何处？近日落山城，雁归三五，年华暗换，若忆清华仙侣，问踪迹，冰凝履痕，翠微雨雪如旧否？待来时，城郭依稀，数遍指择俎。

附清真词

暗柳啼鸦，单衣伫立，小帘朱户。桐花半亩，静锁一庭愁雨。洒空阶，夜阑未休，故人剪烛西窗语。似楚江暝宿，风灯零乱，少年羁旅。　迟暮，嬉游处，正店舍无烟，禁城百五。旗亭唤酒，付与高阳俦侣。想东园，桃李自春，小唇秀靥今在否？到归时，定有残英，待客携尊俎。

自嘲

不才孤负五车书，难说泉间好结庐。隐去东陵畊有种，归来长铗食无鱼。君平卖卜成都远，子政传经太学虚。空笑元龙湖海气，求田问舍事全疏。

鹧鸪天

20×20＝400　　天津市政协编译委员会稿纸

第 9 頁

答雨僧丈见寄　1942　（永安）

南渡心情只自知，中兴词笔亦奚为？陆游万首诗成传，杜甫一一史是诗。　秋寂寂，月高高。枯藤带雨水帘垂。若亲春晨杏罗绮，犹待人人忆他时。

（注）丈近寄诗有"年年罗绮恨"之句，并自注云："明纪坤《花王阁賸稿》悼夫士诗云'一生挑洛秋香气，到死不知罗绮香'。见《国朝诗话》第二十卷，曾用之。"

渡江云

圣诞节　1942　（永安）

高高罗马寺，白凝积雪，片片结春心。瓦丝灯射影，十二阑干，疑是傍徒琴。风传旧事，细思量，意远情深。曾近听，平安夜曲，大炬報佳音。　沉沉，含青玉树，吐蕊琪花，不月迷梦枕，又向谁，总是此恨，滴泪幽衿。伤心只是千秋怨，十字恨，青史难寻（耶稣乃奴隶革命之领袖，为奴隶主所杀，难得所载，均非信史，谈者也。），辜负了，人间圣主来临。

浣溪沙

伯厂近寄诗有"正爱春江花月夜，又惊挥雨水云乡"之句，以其不似诗也，词以戏之。

20×20=400　天津市政协编译委员会稿纸

韵律繁疏笔意长，大江东去让苏郎，春风试马赋千行。 也爱春江花月夜，生憎烟雨水云乡，英雄才调女儿腔。

蝶恋花 （永安）

落日余晖红叶里，点点秋心，不解相思意。望断天涯成咫尺，寒烟笼住离人泪。 雁影长留人去外，谁寄蛮笺，又落平沙底。卷起秋潮人未睡，月华如洗风如水。

长亭怨慢

廿九初度，感时书怀，用草窗韵 1943 （永安）

记七十二沽流处，花落风灯，影摇亭宇，笔扫烟霞，轻舟明月载风趣，袖红相聚，相对译，雪莱句。梦醒瘴江边，思往事，吟情空诉。 延伫。望天涯咫尺，谁守此门门户。高高禾黍，倩谁写放翁诗赋？叹零廿载污琴书，念渲府，呢喃燕语，是南渡雄心，化入片风丝雨。

附草窗词

记千竹万荷深处，绿浮烟盖，翠滴香字，醉墨淋香，闲茶散影，全无价，眺望家，和凡诵花的寒落紫云宫，叹转眼，岁华若许。　　流浮，空余一水，梦到那花窗户。十年回首，今谁得，庾郎愁赋。燕楼鹤表半飘零，试排有，盟鸥共语。悄倚画河桥，一片潇风吹雨。

少年游

儿时放夜同步，无时髻髪，出声衣成百衲，结发诚以为戏，给校秋潭沙浮把许长，为赋此解　　1944　　（重庆）

莲華微笑，風荷出水，扶案立还斜。谁解蛮语，一心托钵，胜著小袈裟。　　人天参悟西来佛，为说甚々涯，花事山中，人间世外，相共度年華。

水调歌頭

中秋，次東坡韵　　1946　　（南京）

长啸发长恨，歌竟欲登天。我思流水高阁，芳州度華年。手把乌丝万卷，足踏泉流清浅，高石枕清寒。声彻千山響，不往度寒间。

问孤松，何无鹤，静不眠。空林露冷，叶摇摩尼影回圆。剑化长虹千丈，手指玲珑色相，萬象自无全。嫋々迎风桂，蒂自舞娟々。

第 12 页

同宋益若坐鸡鸣寺　1946　（南京）

湖中水似酒千杯，欲把枯荷封绿醅。劫后诗情吟佛睡，梦中衣事待天开。六朝渔钓豪华去，千古钟传寂寞来。孤负樊川好诗笔，十年后又寺徘徊。

第 13 页

祝天津民革社会人士诗画社　1956

萬里江山一望賒，爱国人人是一家。千载霸图挑扫后，欣然争唱《浣溪沙》。

百年往事成新史，舊迹残存恨满墙。风景画图青碍眼，秋陽照座印红妆。

赠范老　1958

峥嵘岁月落毫端，遗恨平平为一官。五月潮来心未定，八年老去梦偏宽。只缘好胜常回顾，若不多疑自达观。相约来朝风定后，凭君双眼報平安。

鹧鸪天

春夜夜读，闻邻有吟诵者，心窃和之，为赋　　1958

何处传来夜读声，一城春色半城灯。溪前杨柳随心绿，楼外钱苗近眼青。　思往事，爱今兹，倦眸犹共月争明。一书一卷真朋友，问经问言亦弟兄。

20×20=400　　天津市政协编译委员会稿纸

第 14 页

无寐　　1961

无寐卧看星汉转，四更邻角五更柝。风传南野乌衣调，何似当年白下时。

(注)《诗·唐风·无衣》两章，一说乃军旅诗章。

不赋一首　　1961

日々问天々不语，今朝天雨々姗迟。何时缚住虬龙背，不赋人间喜雨诗。

鹧鸪天

宋究爸此来　　1961.8.26.

少共襟期指斗牛，巴山夜雨话春秋。天涯芳艸池边梦，白下风云笔底楼。　俱往矣，莫停休，牛衣也可换貂裘。临流不怯西风烈，何用诗人赋《柏舟》。

四、

小默诗词选抄影印件

清平樂

幼儿园所见　1961.4.

青梅竹马，舞余歌初罢。桃李无言蹊径下，天上人间难画。凝眸主席象前，抚摸字

20×20=400　天津市政协编译委员会稿纸

車過山海關　1962.1.13.

萬里长城萬卷書，长城写尽帝秦功。孟姜女傳人心裡，争说当年舊霸图。

松花江畔　1962.1.14.（哈尔滨）

松花江上雪茫茫，北大荒成北大倉。三十年前歌故在，風雷隐處是扶桑。

和宪益　1962.6.1.

把酒论兵未過关，夏来深夜有馀寒。红旗初卷翻昏日，大舵微移渡险滩。已结庄生迷梦破，忍看娲后补天残。此中真意人人识，何似東方高家班。

何故虫虫鸣不平，依然蜗角触蛮争。王迷漢祚書鷄肋，日照红旗出鳳城。紫塞風雲频说兵，废池乔木厌言兵。今年已卜他年事，新谱猶翻舊谱声。

未知四十九年非，变幻依然王霸棋。未必

20×20=400　天津市政协编译委员会稿纸

寒山成汝党，曾经沧海识音師。人生易定缘难踪，风物多親自少疑。参悟待君々未晓，何當抵足话歸期。

附定斋原诗

（一）獵々东风夜摵关，念君去后破空寒。宝珠暂閟泥鱼目，旋石岂能阻急湍。拔剑轻言人未老，高歌纵酒岁将残。是非论定他年了，左右何当举目难。

（二）假出半生吃和平，不论今朝镜斗角。西海早擒登陆虏，南天新拔突围城。鬼兵巨艦迎逐刻，铁壁铜墙把指怀。不战服人诚所策，诸公何故畏请兵。

（三）四十年来是与非，每传此日坐拈诗。久经考验真忠党，坚守迷途是我师。大敌当前当揭橥，君心何故苦猜疑。高举旗帜领宇宙，胜利而今近可期。

醜奴兒

少年日々沽河渡，不解风云，不解风云，孤负人间几个春。而今又是沽河渡，碧水微尘，碧水微尘，愧尔东西南北人。

金缕曲

红娟自吴兴惠书，多话细叙当年旅杭旧事，为赋 1963.2.10.

往事还须说，问当年，吴南越北，几多豪傑？天目山邊天目怒，苦丛年々未歇。看鬼火，时明时滅。白面書生成底用，枉相向？马回頭，前后桃花雪（诗人常笑我云：马后桃花马前雪，出关争得不回头）。君共我，问明月。

江南梦醒眼邊裂，要而今脱胎换骨，死心如铁。东風漫々西风怯，鼓我心中热血，須認定風雲開合。千里悠々南北路，放高歌，莫误春潮急。懷故舊，唱三疊。

五一節前津京車上遠望天安门口占 1963.4.25

东風夜送星河落，遠望天门火海围。借问今宵何處去？工人道是節将來。

政协大会竹枝词 1963 除夕

著意寻春不見春，可憐无補費精神（元遗山句）。只緣身在春心外，春去春來不解人。

鹧鸪天 1963

独立红塵数十年，银河夜夜月年年。万星闪入无穷际，两眼埋于有限天。 君梦渺，夜郎遥。大江东去几人還。寰球已覺方圆小，河伯犹欺秋水篇。

舊梦 1963.4.25

舊梦依稀夜未央，已懷煙雨水雲鄉。浙东潮卷風雲起，越此春隨艸木长。十里蛙声天外響，一川荷影袖邊香。此情已待成追忆，只是当时费度量。

昨夜一首　1973.国庆　（北京）

昨夜梦寒落九州，我心虚与日沉浮。此行不管风和月，两地天光一样秋。

夏日一首　1974.7.8.

夏日风凉爱晚阴，蒼花衣色隐红心。今須明日有风雨，可是春秋乱古今。

赋得"批林批孔就是批反革命"　1974.7.23.

皓首穷经未有期，而今重读汉官仪（"三礼"一般认为汉人伪作）。谈禅早觉慧能远，步韵犹嫌子建迟。两袖清风书载去，一夕春雨梦飘回。含青雾里抓老子（《史记》载孔子会老子于洛阳，归谓弟子言：老子犹若游龙。），敢问君当韓退之。

兜时　1976.10.30

邊寰牛蕭地主窩，兜时滴漾子牙河。试云子曰今何在？小辫兄々烟袋锅。

天灾人祸自年々，家道小康席市前。覆雨翻云何处所？洋场十里是仙山。

青梅竹马两无猜，信地相逢要安排。五十

装

订

线

年来浑似昨，《红楼》读罢两三回。

二更之后三更初，十字街头树影疏。灯火微明无月夜，卧听又怕说鬼狐。

裤裆胡同说高唐，八月乡村风小乡。莫道流氓欺任侠，邯郸依旧梦黄粱。

残梦一首　　1976.12.

残梦醒还前夜梦，寒潮卷似去年潮。凉思寥廓无眠久，月白风清树影高。

错把一首　　1976.12

五斗安能折了腰，随心所欲绕跌跤。老夫眼力浑无奈，错把切糕当年糕。

敬悼总理　　1976.1.8

空中消息出瑶京，欲哭无声泣有声。一代才名垂宇内，万邦衣带吊英灵。文章身去千秋业，大节风仪百世情。此日年年须记取，人民八亿泪之零。

读陈毅将军《诗词选抄》 1977.2.

胸怀今古净泥沙，心领兵书百万家。谈笑々风成绝唱，凝眸独读泪如麻。

一曲赣南游击词，述怀六十三年诗。问君底事披肝胆，说与群氓总未知。

(注)《选抄》为传抄油印本

书愤

风雨终经又向阳，寓言十九写汪洋。庄々蝴蝶醒还梦，老子云龙拙也藏。谁把是非昭日月，敢将人妄变沧桑。银河此去无多路，织女何当未有郎。

(注)指纠学茶楼盖了十八例事

读《天问》示凌生

天时人事问何来，千古奇闻费遣排。孤愤行吟空想象，《抽思》《惜诵》漫徘徊。云深水卷三湘远，夜静梦回万象闲。掩卷无须多倚笔，天衣犹待郑玄裁。

四、

小默诗词选抄影印件

第 22 页

复課示諸生　　1978.8.

兒時讀書處，依稀尚記省。苦学无師承，窥天蛙在井。開卷常茫々，冥想忘復永。剛后識之尤，辞過卷又梗。欣然似有得，細思成画餅。歷遍舊山川，微似醉初醒。实踐出真知，老來若悟憬。尔今少師承，文章難馳騁。好奇自好疑，叩学必問景。升堂未入室，藏書待脱穎。跬步積千里，佩章宜自警。欲以廿年期，徐々凌絶頂。記取而鄉言，水凝冰益冷。个中真意深，反覆自心領。

追悼心武　　1978.5.

舊梦渾如昨，臺城幾度春。读心湖水碧，傷事蒋山尘。煙塑花藏柳，雲浴艸似茵。凝眸緣坐久，为念故人親。

（注）蕭心武，南京的诗友，四同事。"一·二八"之役傷一腿，后闻其病故。

贺新郎

寄台湾四友　　1979冬

20×20=400　　天津市政协编译委员会稿纸

老友今安否？近年间，一衣带水，各家思旧。无可奈何花落去（晏殊句），这里河清人寿。问那里，甚般僝僽。鸟倦飞还心两许。一家人，却自云出岫。泯泯过，泅左右。问君底事还心疚？为子孙，千秋万代，谁是作胄？天涯々自成尺咫，龙蟠虎踞旅守。史人笑，神奇腐臭。千里情亲常晤对（龙州句），寄鱼书，莫放春潮走。言不尽，紧握手。

水调歌头

总理忌辰三周年书怀

凤缺夕阳处，歌唱大江东。老来岁月独好，远看晚山红。雀角鼠牙墉在，肝胆风波楚越，天地一炉中。莫写逍遥赋，还我旧家风。

息此怒，相尔汝，别异同。新桃未长千尺，恶竹隐万丛。蛮触蜗牛左右，鼠窃虫肝上下，了了惯相从。怒向年年转，不似泻盘翁。

诗柬台湾旧友　1980 诗

榴花红闹水天蓝，故园风光旧也谙。旧月

第 24 页

潭边风雨画，问君能不忆江南。

湖光一片水云低，杨柳微风望欲迷。七十二沽流水碧，故园原不是天涯。

爱国人人是一家，江山万里净胡沙。何当共饮西山水，棋子轻敲罢落花。

春词两首　1981

今年春早到，庚申年除夕立春 春意透窗纱。寄语东南客，寒梅待著花。

海风频送暖，不觉又新年。潮起随潮落，鸡鸣欲曙天 今年係辛酉年。

西江月

"七十"抒怀　1981

尝尽人间滋味，甜酸苦辣咸麻。油盐柴米不分家，有个心儿天下。　斗室难分你我，年年事事蹉跎。个中消息甚么涯，取个啥儿难画。

阅尽人间春色，添筹海屋沧桑。心中风浪几回肠，不晓心儿何放。　平顺之年弹指，

20×20=400　　天津市政协编译委员会稿纸

幾曾稳泛滄浪。乾坤扭轉問行藏，回首一看是党。

高陽台

十余年前后对比，用梦窗丰乐楼词原韵　　1981

寒露凝眸，斜陽射影，心潮起伏成图。喜上眉梢，问贤好景谁書？无崖枫叶红含紫，鬧晚晴，底事愁余？似这般，秋也渾然，人也真然。　吟邊不怕西風苦，怕夜寬梦窄，人老衰炉。雨打風翻，黄花瘦比褌臞。濠梁之上求其本：子非予，予也非鱼。似那般，秋在荒蕪，人在煙蕪。

附梦窗词

脩竹凝妆，垂杨驻马，凭阑浅画成图。山色谁题：楼前有雁斜书。东风紧送斜阳下，弄旧寒，晚酒醒余。自消凝，能几花前，顿老相如。　伤春不在高楼上，在灯前欹枕，雨外熏炉。怕舣游船，临流可奈清臞。飞红若到西湖底，搅翠澜，总是愁鱼。莫重来，吹尽香绵，泪满平芜。

漫興兩首

1982.3.16.

天淡雲昏曉色開，庭除扫净小徘徊。春風似解沈思苦，一任風沙拂面來。

细雨含情滴又晴，小街汤洒两三声。诗家清景浑何似？寒柳未黄草未青。

感时纪事诗　　1982.6.2.（旧）7.2.

谁家车送夜归人，一缕青云一缕春。梦去红尘香欲醒，花来淡月醉桐阴。

香盈摩托影徘徊，低问红尘第几排。万里婵娟传笑语，探居底物又南来。

含情脉脉谢芳樽，天上人间别有邨。解道郑风香软腻，新歌一曲唱芳邻。

漫兴两首　　1983.1.14

步履稍艰筋力减，浣衣后觉饭蔬香。推窗但觉风飘逸，春色盈衢趁夕阳。

老来岁月泛虚舟，不载闲情不载愁。星斗满天风满夜，一人三籁读《春秋》。

朝中措

津蓟（县）道中　　1983.8.

车行章洞压荒原，碧树隐鸣蝉。山色空濛

装订线

迢遠，白楊閣外晴川。一抹斜陽，半溪煙水，天上人间。微笑"千岩競秀"，老装一袋閒煙。

水调歌頭

游承德磬锤峰　　1983.8.27

不闻鐘磬響，但見棒槌山。秋来杖履无碍，老去幾人閒。一片瓜心闊潤，满面秋风微汗，一步一欣然。漢殿秦宫遠，咫尺断雲间。

万卷書，万里路，是何年？而今筋力虽减，依旧想登攀。漫道太倉一粟，能量蜉蝣天地，鳥倦不知還。华发豪情在，白日照朱顔。

采桑子

毛主席九十周年诞辰，集毛主席诗词

風烟滚滚来天半《渔家傲·反第一次大围剿》，一代天骄，一代天骄《沁园春·雪》，只识弯弓射大鵰。同上

洞庭波涌連天雪《七律·答友人》，不要这高，不要这高《念奴娇·昆仑》，六亿神州尽舜尧。《七律·送瘟神·其二》。

四、小默诗词选抄影印件

第 28 页

鹧鸪天

甲子元旦试笔　1984.2.2

十里洋场宿雾消，人间天上几周遭。高楼红缺百千丈，河水春浮长短桥。　人影立，徂声骄，万花飞入九重霄。春风化雨今朝事，笔写党亲第一条。

浣溪沙

与老年人谈，多与青年交心，一旦豁然，而必有悟。

藏敛含情未褪真，相逢一笑过来人，自然风物最相亲。　未必千言难忘我，果然一语（叶今音雨）便回春，和风细雨见精神。

单片浣溪沙

甲子上元　1984.2.16

桂影依依语意何，嫦娥画远舞婆娑，千载元宵今徂多。

甲子中秋座谈有寄

第29页

岛革中秋座谈会上作　　1984.9.15

花思年少日，风软故乡情，人老婵娟在，
中秋共月明

水调歌头

编译出日译组诸公，挑灯围座斗室一间，三年若一日，成书廿余册，
其事凡两女三男，都怩劳苦，谨以此声以献。　　1985.5.29.

夫子在何处：俛仰字行间。只今不管风月
，天地几方圆。漫道五湖四海，亦解扶桑内外
，幕结固空然，象寄与钩抉，我自乐其间。
千钧力，移椽笔，在今天。离经辨志，三
人必有我师焉。攻玉他山之石，漱石枕流之客
，两事不难全。闲爱孤云去，容膝一间安。

（注）1. 他山之石，可以攻玉，照译域外经济之书，为四化服务。故之
于之作，若漱石枕流者。杜牧诗云："清时有味是无能，闲爱孤云静爱僧"
之字经语。"闲爱孤云而去，容膝一间而安"是心安理得语。

2.《礼记·王制》："五方之民，言语不通，嗜欲不同。达其志，通其欲，东
方曰寄，南方曰象，西方曰狄鞮，北方曰译。"《周礼·秋官·序官·象胥》注，
通夷狄之言者曰象。象寄连用，始于卢后《大读记·序》

四、
小默诗词选抄影印件

第 3 页

高陽台

槐永涤、小杰游长春南湖　　1985.7.31（长春）

古木藏青，垂杨吻水，放歌人钓南湖（长春有小南湖、大南湖，此为大者）。古往今来，人间好景何殊？（[illegible]）波光潋滟晴偏好（苏轼《西湖》诗：[illegible]），抱东风、雨与之俱（陶潜诗："有风自东来，好雨与之俱。"）最关情，高宇琼台（[illegible]），乱谱新篇。

朝阳吐隐多云凝，又阴晴不定，路况模糊（杜甫《望岳》："造化钟神秀，阴阳割昏晓。"）步履泥泞（[illegible]）。人间温暖谁知？[illegible]蝉鸣处，莫歌声、不绝云天（[illegible]）。使[illegible]、咫尺天涯。与谁[illegible]（[illegible]）[illegible]

后 记

编著者的简历、成长与父辈及天津五大道文化的联系

我是本书编者，父亲一生在不同的地方写了上百首词，至今留下来的有几十首手迹影印件以及几首真迹，本书将与读者共赏。

我父廉士聪和母亲陈叔玉，一九四二年底在福建省永安结婚，先后共有五个儿子。大哥廉刚，一九四三年十月二十五日出生，现从天津市工商联机关退休在家。我是次子，一九四五年十一月三日出生于重庆市，下面还有三个弟弟，均出生于天津市：老三廉木，一九五二年三月五日出生；老四廉力，一九五三年十二月二十六日出生；老五廉武，一九五七年四月六日出生。这三个弟弟，廉武、廉木和廉力先后于一九九八年、二〇〇七年和二〇一九年去世。

我一九四六年随父到南京市。我父与天津的中学同学杨宪益先生共事并且为邻居。依稀记得一九四九年四岁时，我在南京市上小学一年级。一九五〇年，因父亲调到北京学习，我同母亲离开南京，暂借住在天津市的奶奶家，继续在奶奶家附近的贵州路国家银行子弟小学上一年级。

父亲从北京学习回来，任天津市民革委员兼宣教处（组）副处（组）长，我家开始了天津五大道的居住生活，

住在睦南道东道口的福厚里八号，一住就是八年。该处是个胡同里的小二层楼，我家住在院内一楼靠楼门口的单间，住二楼的是天津市民革的创始人张树德老先生。

张树德老先生为人特别和蔼，我总去他家玩耍。我依稀记得他多次说过，小廉毅将来要做大事的。最近从网上了解到张树德老先生有着光荣的革命斗争史，他因结识了同乡长辈、中共天津地委的负责人江浩，以及其同是中共党员的长女江韵清、长子江震寰（一九二七年牺牲），从此走上了革命道路，并于一九二九年与从苏联留学回津做秘密工作的江韵清结婚。张树德老先生的夫人江韵清，为人更是和蔼可亲，我记得她在天津图书馆工作，经常带我去图书馆看书和玩。张树德老先生为解放天津努力工作，他和张炳元等同志搜集到国民党军队防守天津的十七个关卡的防御工事、兵力、埋雷以及市内驻军番号、兵种、人数、地点等情况，并在地图上标注说明，由张树德交中共地下党。张树德经党组织同意，成为天津民促的骨干，并发展在政府部门任职的张炳元、曹尔骥加入民促。一九四八年，民促、民联联合起来，成立了民革，张树德就担任了民革天津市地下组织的负责人。解放后，张树德任天津市纺织局秘书，同时担任了河北省人大代表、天津市政协委员、民革天津市委常委等职务。一九六一年，他病故时，没有留下任何遗产，只给子女留下欠交的三百多元公房房租的债务。张树德老先生是我年少时，对我影响较深的长辈。还要提到他家的保姆秦妈，是个唐山人，说话很好听的，楼里人都亲切地称呼她“秦妈”。该楼一共住有三家，不管大事小情，她都热心地帮助。我记得很清楚两件事：一次我因为淘气被父亲罚了一天不许吃饭，是秦妈熬的粥让我喝，不至于饿肚子，还有一次，我感冒发烧很厉害，浑身出透了汗，父亲在市民革机关工作忙，没有时间照顾我，我高烧一直躺在床上，是秦妈抽空照料我，依然给我熬粥喝。遗憾的是，一九五七年九月三十日，我搬到天津解放南路和大沽路交汇处的天津尖山宿舍红星里十八号二楼新居以后，再也没去看望张树德老先生、江阿姨和秦妈了。

我在天津五大道的福厚里居住时，还结识了我的中学同学卞学钺，他家住在睦南道的一所独立的大院里，他的父亲就是天津有名的八大家族之一隆顺榕药业的继承人卞俶（chù）成。我记得卞学钺花钱比较冲，那时中午的热天气里，吃一份浇果汁的刨冰，一元钱，很是阔气了，他就经常如此，而我家境也不错，父母每天给零花钱也不少，两三角钱，可以吃好几根奶油冰棍。自从小学毕业后，我们再没见面。二十世纪九十年代，我在长春，无意中，从订阅的天津《今晚报》上，看到一则消息报道，他已成为隆顺榕药业集团的老总，但没有机会同他联系。他也算是自己的一个发小吧，至今留在我的记忆中。我在小学读书期间，还经常把父亲在南京国立编译馆翻译的草稿，当做自己的学习用纸，每次被老师发现，都要狠狠地批评我，为什么拿这些乱七八糟的纸张上学校里来，弄得我很狼狈，至今记忆犹新。回想起来，那时自己也太不懂事了，如果留下来，是宝贵的文史资料。

我记得，父亲在五大道之一的福厚里居住时，一是因为工作关系，二是因为住处相隔不太远，与张学良的亲弟弟张学铭结成了好友。解放前，他担任过天津市市长，解放后，曾任天津市人民公园园长，居住在睦南道五十号，与我们家只隔一条街。我父与他交往颇深，相互经常来往，也不知何故，也许投缘吧。我家搬到天津尖山居住时，张学铭还资助过父亲，送了我家一张大铁床，我们全家的住处是天津政协机关分配的，共五十三平米，两居室，直至父母去世，又过了多年，没有变化（一九五七—二〇一二年）。二〇〇七年三弟廉木去世，我和大哥经过公证，该住处由四弟廉力继承，尖山宿舍大规模拆迁时，才由我四弟廉力把大铁床处理掉了。

我是一九六二年七月从天津第四十二中学高中三年级毕业，考入北京气象专科学校大专班，一九六五年八月，在该校加入中国共产党。大学学习的三年之中，父母在经济上给了我很大的支持，平均每月汇寄二十五元左右，天津家中还有四个兄弟上学，可见父母对我的期望有多大。一九六五年九月十四日，我踏上去长春市的火车，父亲亲自去天津东站送行。到了吉林省气象局报到后，一九六五和一九六六年，连续两年，我被派往吉林省怀德县南崴子公社和伊通县靠山参鹿场，参加农村社会主义教育工作队，一九六八年，又参加省直机关的毛泽东思想学习班，之后，一九六九年末至一九七〇年初，奔赴吉林省的边境珲春县，在马滴达公社三道沟大队，作为“五七”干部，插队落户，接受贫下中农再教育。一九六五—一九七二年，我在农村整整呆了五年，真正认识到中国农民的伟大，他们明明为城里人提供了宝贵的商品粮，但是，他们口中只承认为了挣工分养活家里人，精神多么伟大！而我们有些人干了一点点事情，就把成绩吹上了天。我在日记中写到，这是在农村中最大的收获！我对下到农村去锻炼，至今不悔！这段经历令我既了解了我国国情，又锻炼了不怕苦和累的坚强意志。一九七二年我被抽回省会城市长春，在吉林省气象台当一名天气预报员。要感谢我爱人张学伟的姑姑张玉珍和姑父孙向东二老，在他们小泥平房子中，接纳我和我爱人生第一个姑娘廉英蕾，度过满月期。一九七七——一九七八年我被组织派往北京大学地球物理系进修一年，得到了老师们辛勤传授的新知识，又得到了北京大学多年优良传统思想的熏陶，使我认识到北京大学培养出来的学生所特有的品质，大都具有忧国忧民远大的政治抱负、坚实的数学物理系统知识、熟练使用外语工具的能力和较强的科学研究能力。短短的一年进修，真是我人生的重要加油站。

一九八一年我被评聘为工程师，一九八九年被评聘为副研究员，一九九七年评聘为正研，二〇〇七年被评聘为二级正研。一九九八—二〇一九，我和我的团队申请到国家自然科学基金基金委项目共十三项（包括协作国家自然科学基金重点项目 1 项）；获省部级科技进步奖十三项（其中一等奖 1 项，二等奖五项）；在国内外发表科学论文一百多篇，被引用两千七百多次；我还兼职数所大学的博士生导师、硕士导师。一九九九年和二〇〇一年，因对吉林省生态省建设国务院试点省有贡献，先后被授予吉林省劳动模范和全国“五一”劳动奖章，《人民日报》海外版还做了报道宣传。回想我的行动轨迹，有四条体会：决策正确、奋斗不止、业绩催人和团队优秀。

最近，特别是发现和仔细阅读了中译出版社近期出版的赵蘅著《我的舅舅杨宪益》一书，我才有所大悟，尤其阅读到杨宪益老先生一九九〇年六月惊闻父亲去世的消息，写下感人至深的诗句“数载同窗手足亲，惊闻老泪已沾巾。世间失足寻常事，从此津门无故人。”，真是特别震惊。还有整本书中提到同我父交往之深，他们父辈有些交往，我也在旁，我为什么一直没有察觉呢？！沉思多天，我终于决定拿起纸和笔，一定要把父亲多年对中国古汉语词的深入研究的成果挖掘出来。我通过中译出版社公布的电话号码，打电话联系出版社，表达了申请出书的愿望。但是，我搞了多年理科研究，心里没底，就斗胆向赵蘅老师请教，得到她亲切的鼓励和指点，她说不要紧先慢慢干，会越干越上瘾的。果真如此，我从今年中秋节那天开始，历经一个多月的时间，通过四角号码字典、拼音字典、手机字典和互联网，终于一步一步地，先把父亲几十篇词手稿的影印件，翻印并打成电子版，又查阅了互联网资料，还通过我远在重庆的大外孙女叶忠芸的帮忙，在互联网上拍得父亲的词手稿真迹七件，再查阅了各种与父有关的出版的书籍，才得以把父亲的几十篇词解译成现代白话文。经过五个月的努力，终于完成书稿。

在书稿撰写的过程中，我体会到，人生轨迹和取得的业绩，除了与我联系密切的组织帮助和支持是分不开的以外，很重要的是，我的家庭给我的哺育和熏陶，还有在天津五大道所居住的文化环境潜移默化地起了一定的作用。什么是天津五大道文化？它既是开放和多元文化，更是忧国忧民的爱国情操和坚守中国传统的古汉语文化传承的底蕴！杨宪益先生和父亲廉士聪，就是佼佼者的代表。

呈现在读者面前的一书不是古汉语专家编著的，是个外行写的，有不到位的地方，敬请不吝赐教！

图书在版编目 (CIP) 数据

父亲廉士聪：天津的词学家 / 廉毅编著. —北京：中译出版社，2024.5

ISBN 978-7-5001-7817-0

Ⅰ. ①父… Ⅱ. ①廉… Ⅲ. ①词(文学)—作品集—中国—当代 Ⅳ. ①I227.8

中国国家版本馆CIP数据核字（2024）第068034号

出版发行：中译出版社
地　　址：北京市西城区新街口外大街28号普天德胜大厦主楼4层
电　　话：（010）68359827，68359303（发行部）；68359725（编辑部）
传　　真：（010）68357870　　**邮　　编：**100044
电子邮箱：book@ctph.com.cn　　**网　　址：**http://www.ctph.com.cn

出 版 人：乔卫兵　　**总 策 划：**刘永淳
出版统筹：杨光捷　　**策划编辑：**范祥镇　刘瑞莲
责任编辑：刘瑞莲　　**营销编辑：**吴雪峰　董思嫄

封面设计：吴思璐　　**排　　版：**中文天地
印　　刷：北京中科印刷有限公司　　**经　　销：**新华书店

规　　格：880 mm×1230 mm　1/32
字　　数：160千字　　**印　　张：**7.625
版　　次：2024年5月第1版　　**印　　次：**2024年5月第1次印刷

ISBN 978-7-5001-7817-0　　**定　　价：**68.00元